조선 사회 정책사

조선 사회 정책사

초판 1쇄 인쇄 2013년 8월 15일
초판 1쇄 발행 2013년 8월 20일

지은이 최익한
엮은이 송찬섭
펴낸이 이영선
펴낸곳 서해문집

이 사 강영선
주 간 김선정
편집장 김문정
편 집 허 승 임경훈 김종훈 김경란 정지원
디자인 오성희 당승근 안희정
마케팅 김일신 이호석 이주리
관 리 박정래 손미경

출판등록 1989년 3월 16일 (제406-2005-000047호)
주 소 경기도 파주시 문발동 파주출판도시 498-7
전 화 (031)955-7470 | 팩스 (031)955-7469
홈페이지 www.booksea.co.kr | 이메일 shmj21@hanmail.net

ISBN 978-89-7483-619-1 93900

이 도서의 국립중앙도서관 출판시도서목록(CIP)은 e0-CIP 홈페이지
(http://www.nl.go.kr/cip.php)에서 이용하실 수 있습니다.(CIP제어번호:2013013893)

최익한 전집 2

조선 사회 정책사

| 우리나라 사회 구제 제도에 대한 역사적 고찰 |

최익한 · 지음 / 송찬섭 · 엮음

서해문집

| 엮은이의 글 |

'최익한 전집'의 첫 번째 책으로 그의 가장 뛰어난 저작인 《실학파와 정다산》을 간행한 후 곧바로 《조선 사회 정책사》의 출간을 계획했다. 《실학파와 정다산》은 최익한이 《동아일보》에 처음으로 기획 연재한 '《여유당전서與猶堂全書》를 독讀함'을 오랜 세월을 묵힌 뒤인 1955년에 보완하여 간행한 책이다. 이 책은 북한 사회에서 실학이 가지는 의미를 강조하기 위해 민족적, 국가적 처지를 강조한 한계가 있지만, 다산에 대한 체계적인 작업이며 학문적으로도 소중한 결과물이다. 이에 반해 《조선 사회 정책사》는 최익한이 1940년에 신년 기획으로 연재하였던 '재해와 구제의 사적 단편관'과 다음 해 잡지에 실었던 '조선의 후생 정책 고찰', '한재와 그 대책의 사편史片' 등을 묶어서 해방 초인 1947년에 간행한 책이다. 시중에 간행된 것을 기준으로 본다면 최익한의 첫 번째 저작이기도 하거니와, 사회 정책에 대해서는 우리나라 최초의 작업이기도 하다.

'사회 정책Sozial politik'이라는 용어는 1872년 독일의 경제학자들이 만들었으며, 자본주의 발전에 수반하여 사회문제화 되는 노동자 문제에 대한 근대국가의 정책, 즉 사회노동입법, 그에 기초한 제도나 시책 등을 가리킨다. 초기에는 노동 정책이라는 독자적 용어로 사용되었으나 제2차 세계대전 이후 사회 서비스 영역에 관계되는 정부의 정책을 총칭하는 데 사용되고 있다. 일례로 노동뿐 아니라 교육, 주택, 교통, 보건, 의료, 공중위생, 사회복지 등 사회 전반의 지속 가능한 발전 및 인간의 능력 계발과 복지 향상을 도모하는 것 모두가 사회 정책에 포함된다.

최익한은 일본에 유학하여 사회과학을 공부했기 때문에 '사회 정책'이라는 표현을 사용했던 것 같다. 다만 근대 자본주의 사회에서 만들어진 사회 정책이란 용어를 전근대 사회에도 사용할 수 있을지에 대해서는 상당히 고심했던 것 같다. 처음에는 '사회 구제 제도', '후생 정책' 등으로 사용하다가 간행본에서는 분명하게 사회 정책으로 표현했다. 그는 "사회의 치자 계급이 피지차 계급의 항쟁을 완화 또는 진무하려는 방법이므로 계급이 존재하고 대립이 있는 사회에서 치자 계급으로서 취하는 방법은 동일"하다는 뜻으로 사용했다.

사실 이 책을 다시 발간하게 된 데는 또 다른 계기가 있었다. 2010년 봄 인문학박물관이라는 곳에서 주최하는 '해방 초기 중요 저작'에 관한 인문학 강좌에 최익한의 《조선 사회 정책사》를 중심으로 강의해 달라는 부탁을 받았다. 갑작스레 이 책을 거론하는 것이 당황스럽기도 했지만, 처음에는 두 가지 이유를 들어 거절했다. 첫째, 이 책이 재해, 진휼, 환곡 등을 다루고 있어서 대중에게 그다지 흥미 있는 내용이 아니므로 대중용 강의로는 부적절하다고 생각했다. 둘째, 내가 최익한이 활동한 시기를 전공하지 않았기에 적합한 연구자를 찾는 게 좋을 것이라는 생각에서였다. 그런데 인문학박물관 측은 "박물관이 소장한 해방 초기 중요 저작 가운데 이 책을 다루고 싶고, 또 최익한이라는 인물을 다룬 연구자가 별로 없는 상황에서 논문까지 썼으니 연구자가 아니냐?"라고 했다. 간단한 소개 논문 하나 썼다고 그 방면 연구자로 대접받는다는 것이 몹시 부끄러우면서도 딱히 더는 거절할 명분이 없어서 결국 강의를 수락했다.

사실 개인적으로는 환곡 연구자로서도 이 책에 관심이 컸다. 다만 구휼제도 전반을 다루어서 강의하기에 부담이 커서 회피했다고 해야 할 것이다. 뒤늦게 수락하면서도 속으로는 당연히 해야 할 일을 꺼렸던 점을 반성했다. 지금 생각하면 강좌로 선정한 일이 다행스럽기만 하다. 그때 강의를 맡으면서 찬찬히 살펴봤기에 이 책을 간행하려는 마음을 굳혔고, 게다가 인문학박물관을 통해 깨끗한 판본을 볼 수 있었으니 함께 감사드려야겠다.

그럼에도 이 책은 간행을 쉽사리 결정하기 어려웠던 점도 없지 않았다. 첫째, 최익한의 가장 유명한 저서인 《실학파와 정다산》은 1930년대에 출간된 《여유당전서》를 꼼꼼히 읽고 정성 들여 신문에 글을 연재한 뒤, 그 뒤로도 실학파에 관해 오랫동안 연구한 성과를 총체적으로 담았기에 상당히 무게감이 있다. 하지만 이 책은 일제강점기 말 이 방면에 관한 특별한 연구가 없는 상황에서 신문과 잡지에 몇 차례 연재한 내용을 중심으로 출간한 것이라 양적, 질적으로 《실학파와 정다산》에 비할 수가 없다. 게다가 이 책은 일제강점기 당시 신문 글투를 벗어나지 못하여 일반인이 읽기에 그리 친절한 책이 아니다. 어려운 한문 자료를 뭉텅 끼워 넣고 서술도 한문 투 그대로다. 더구나 최익한이 소화해서 만든 용어도 많아서 풀어쓰기에 어려움이 많았다. 이것이 간행을 망설인 또 다른 이유였다.

그렇지만 첫째 문제에 대해서는 이 책이 한계가 있더라도 최초의 '사회 정책사'를 다룬 통사라는 점에서 가치가 적지 않다고 판단했다. 두 번째 문제에 대해서는 될 수 있으면 평이하게 전달하자는 생각으로 수차례 문장을 풀어쓰는 과정을 밟아 나갔다. 무엇보다도 '최익한이 오늘날 일반 대중을 위해 이 책을 썼다면 어떻게 썼을까?' 하는 마음으로 독자들이 이해하는 데 어렵지 않도록 문장을 손질했다.

이번 작업을 하면서 한편으로 그간 소홀히 했던 우리나라 전통사회의 황정荒政에 대해서도 살펴보는 중요한 계기가 되었다. 최근 들어 우리 사회에도 복지 정책이 화두로 떠올랐지만, 전통사회에서도 이른바 황정, 구제 제도는 전근대 동아시아 사회의 성격과 관련하여 매우 중요한 사안이었다. 따라서 이 작업이 전근대 황정뿐 아니라 앞으로의 '사회 정책'과도 연결하여 대중의 관심을 높이는 데 도움이 되었으면 한다. 원고 작업을 하는 동안 관련 분야의 연구자들에게 많은 조언을 받았는데, 이 책의 간행이 그분들의 친절한 조언에 대해서도 작은 보답이 되었으면 좋겠다.

2013년 7월
송찬섭

| 일러두기 |

1. 이 책은 1947년 박문서관에서 발간한 원본을 이용했다. 부제인 '우리나라 사회 구제 제도에 대한 역사적 고찰'은 엮은이가 추가했다.
2. 한자는 역사 용어를 빼고는 가능한 한 풀어썼으며, 필요할 때는 한자를 병기했다. 풀어쓰기가 어려울 때는 괄호 속에 설명을 추가했다.
3. 한문 문장은 해석을 하고 원문을 병기했다.
4. 본래 신문 글을 모았기 때문에 저자의 주석은 없으며, 각주는 모두 엮은이가 단 것이다. 본문 가운데 〔 〕안의 풀이도 엮은이가 달았다.
5. 이조李朝는 현재 조선으로 표기하지만, 저자는 우리나라를 통칭할때는 조선으로, 이성계의 왕조는 '이조의 조선'으로 칭하므로 본래대로 두었다. 그 밖에도 경도京都, 경성京城과 같은 표현도 살렸다.
6. 오자가 확실한 경우는 수정하고 각주를 통해 지적했다.
7. 불필요한 간지는 삭제하고 서기로 표시했다.
8. 동상同上, 동同 등으로 표기된 경우에는 구체적인 내용을 기입했다.
9. 편의에 따라 작은 제목을 몇 개 달았다.

| 머리말 |

　사회 정책은 자본주의 사회가 산출한 것이며, 따라서 그 술어조차 근대적인 것은 물론이니 조선의 과거 세기에 이러한 사회 정책이 어찌 있었을 것인가.
　그러나 사회 정책의 성격은 어디까지나 그 사회의 치자 계급이 피치자 계급의 항쟁을 완화 혹은 진무하려는 방법이며, 그 방법은 혁명을 피하는 개량적 내지는 온정적인 것이다. 그러니 계급이 존재하는 사회에는 계급 대립이 없지 않으며, 계급 대립이 있는 이상 치자 계급으로서 취할 방법은 대개 동일한 성격을 갖지 아니하지 못한 것이다.
　이러한 의미에서 조선의 종래 구제 제도를 사회 정책이라 강칭하려는 것이며, 이 강칭에 대하여 필자는 굳이 거부하지 못하는 것이다.
　본편에 수록된 3종의 논문은 6~7년 전 《동아일보》와 잡지 《춘추春秋》 동인의 요청에 의하여 수시로 요구에 응한 것이므로 논제와 글자 수가 대개 제한된 것이며, 동시에 자유 연구의 가치를 갖지 못한 것이다. 식자識者의 정당한 비판이 있을 것으로 믿는다.
　회고컨대 집필 당시에는, 즉 중일전쟁이 심각해지면서 일제 파쇼가 이른바 '황민화' 운동을 통하여 조선의 민족문화를 그 근본부터 폭력적으로 무너뜨려 없애버리려 하던 때였으므로 과거의 제도를 가탁假託하여 민족 고유문화의 일단을 과시하는 것은 하나의 모험적 선전이었으며, 따라서 의의를 내포한 것이었다. 독자 제군은 적이〔어지간히〕인식하여주기 바란다. 이에 동호자同好者의 강청에 따라 묵은 원고를 미정리된 채 그대로 감히 세상에 내보낸다.

1946년 8월 10일
남산 추옥懺屋에서 필자

차례

4 ── 엮은이의 글
8 ── 일러두기
9 ── 머리말

1부.
13 ── 조선 사회 정책사 개관

진휼 정책 | 시식 정책
견감 정책 | 진대 정책
경조와 방곡 정책 | 권분
보양 | 양로
의료 정책

2부.
31 ── 조선 구제 제도 발달사

조선 종래 재해
조선 종래 구제

3부.
179 ── 보론: 한재와 그 대책의 사편

187 ── 해설: 1940년대 최익한의 사회 구제 제도 연구

227 ── 창해 최익한 연보
234 ── 찾아보기

1부

조선 사회
정책사 개관

1 조선 사회 정책사 개관

사회 정책이란 간단히 말하면 그 사회의 지도층이 자기지도自己指導를 유지하고 계급적 대립을 완화하기 위하여 민중의 이익을 증진시키고 재해를 방지하는 모든 시설을 말한다. 그러므로 사회 정책은 사회 구제 사업과 가끔 합치되나, 다만 전자는 그 주체가 국가적이고 후자는 반드시 국가, 즉 정부의 사업에 한정되지 않는다는 점에서 구별된다. 요컨대 사회 정책이란 개혁적이 아니라 개량적 또는 개선적인 것이다.

사회 정책이란 엄밀히 말하면 근대적 산물이다. 예를 들면 1839년에 발포된 프로이센 유년노동자보호법*이 즉 독일 사회 정책의 제일보다. 그러나 선명한 내용을 갖고 적극적으로 절규되기는 물론 근대 노자勞資 대립 이후의 일이겠지만, 사회 개선의 요구는 어느 시기 어느 시대를 불문하고 없지 않았을 것이다. 다시 말하면 고대 사회에는 고대적 사회 정책이 있고, 봉건사회에는 봉건적 사회 정책이 있고, 자본주의 사회에는 자본적 사회 정책이 있는 것이다. 그러므로 지금 필자에게 요청된 지난 시기 조선의 사회 정책이라는 제목이 전연 타당치 않다고는 할 수 없는 것이다. 그러나 그 정책이 근대적이 아니고 봉건적이었던 만큼 입법적이 아니고 윤리적이며, 사회적이 아니고 영주적領主的이며, 산업·경제·노동·문화 등 광범위에 걸치지 못하고 소극적인 구황·구빈 사업에 편중되었다. 이는 독자가 미리 알아두어야 할 점이다.

조선 고대의 사회 정책은 현전하는 사료가 입증한 바에 따르면, 삼국시대에 벌써 성행하여 이른바 군주의 인심혜정仁心惠政으로 발전했다. 연대순으로 말하면, 백제 시조 온조는 즉위 33년**(15)에 가뭄으로 굶주린 백성을 위무하여 안정시켰다*** 하고, 신라 남해왕은 15년(18)에 서라벌(京城)에 가뭄이 들고 황충의 재해가 있어서 인민이 굶주리므로 창고의 곡식을 내어 구제했다 하며, 고구려 대무신왕은 2년(19)에 서울(京都)에 지진이 일어났으므로 크게 사면했고, 5년에 왕

---

* 1839년 3월 9일 프로이센(독일 통일 전)은 '청소년 노동자 고용을 위한 조정Regulativ über die Beschäftigung jugendlicher Arbeiter'이란 법을 제정해 발표했는데, 이는 독일에서 노동자를 보호하기 위해 만든 최초의 법이다. 법의 구체적 내용은 9세 이하 어린이의 공장 노동을 금하고, 9세부터 16세 이하 청소년 노동자는 10시간 노동으로 제한하며, 또 공장은 그들에게 야간 노동(밤 9시부터 이튿날 새벽 5시까지)과 일요일 및 공휴일 노동을 시켜서는 안 되고, 그들로부터 3년간 학업 이수 증명서를 받아야만 고용할 수 있다는 것이다. 프로이센의 이러한 조치 이후 다른 독일 국가들에서도 유사한 법이 공포되었다. 1840년에는 바이에른 왕국과 바덴 공국에서 그리고 1860년대에는 대부분의 독일 국가들에서 유사한 법률을 제정했다[Christiane Cantauw-Groschek/Ulrich Tenschert, "Kinderalltag in Stand und Land(신분국가와 주에서 아동의 일상) 1800~1945", Rheda-Wiedenbrück, 1992].
** 원문에는 32년으로 기록되어 있으나 33년의 오기다.
*** 《삼국사기三國史記》의 기록과는 약간 차이가 있다. "33년 봄과 여름에 큰 가뭄이 들었다. 백성이 굶주려 도적이 많이 생기자, 왕이 이들을 위무하여 안정시켰다(三十三年, 春夏大旱, 民饑相食, 盜賊大起, 王撫安之)."(《삼국사기》 권23, 〈백제본기〉 1, 시조 온조왕)

이 부여를 친히 정벌하고 돌아와 몸소 죽은 자를 조문하고 아픈 자를 위문하여 백성을 위무했다 하니, 이는 모두 삼국이 행한 사회 정책의 기초적 형태다. 그 뒤 삼국의 군주는 다투어가며 천재天災, 기근饑饉, 시변時變, 질역疾疫, 전역戰役 등 재난이 올 때마다 인민의 질고, 기아, 곤궁, 부담 등을 친히 순문巡問하고 혹은 사신을 특파하여 그 실상을 살펴본 후에 구제책을 여러 가지로 실시했다. 그 후 고려, 이조를 통하여 이러한 정책에 더함은 있을지언정 변함은 없었던 것이다. 더욱이 삼국 쟁패 시대에 각국이 병마를 강성케 하고 병량兵糧을 축적하기 위해서는 국고國庫의 힘을 다하여 인민의 기아를 구제하고 유망流亡을 방지하며 생육生育을 장려하고 농업을 보호하는 것이 또한 절대적이었다. 당시 구제 정책의 실시는 앞서 말한 독일의 유년노동보호의 동기가 군사적 필요에 있었던 것*과 비슷한 이유에서였다.

그러나 삼국의 사회 정책이 대개 왕자王者의 어진 마음과 자비로운 생각에 달린 것이라 그때그때 명령을 발하는 사업일 뿐, 일정한 제도를 갖춘 항설적恒設的 정책은 아니었다. 항설적 정책으로는 고구려의 진대법賑貸法이 그중 특별한 사례다. 진대법의 내용에 대해서는 뒤에 적당한 자리에서 자세히 설명하려 한다. 다만 이것이 만들어지기는 고구려 고국천왕故國川王 16년(194)이니, 이때는 고구려의 명재상이자 명정치가인 을파소乙巴素의 집정 기간이었으므로 진대법은 분명

---

* 법 제정의 배경은 아동에 대한 가혹한 공장 노동으로 그들의 신체 발육이 좋지 않고 질병 등으로 병력 동원과 전투 수행에 문제점이 나타난 데 있었다. 아울러 그들이 초등교육도 제대로 받지 못해 신민으로 자라는 데 방해가 된다는 판단이 작용했다고 한다(11쪽 첫 번째 각주의 책).

히 을파공乙巴公*이 펼친 명정책의 하나임이 틀림없을 것이다.

앞에서도 대강 언급했는데, 농업입국의 지난 시절 조선에서 사회 정책의 대상은 주로 농민이었고, 따라서 농민 기근에 대한 구제 또한 정책의 중심이 되었다. 다시 말하면 구황 제도가 당시 사회 정책의 전부였다. 주권자는 지주 계급이었고 정부가 일종의 농정기관이었으므로 구황 정책은 정치의 중요 부분을 이루었다. 역대 군주와 재상이 그들의 어질고 은혜로운 정치를 과시하는 것 또한 이 구제 정책을 통해서만 가능했던 것이다.

봉건시대의 사회 정책인 구황, 구빈 제도를 열거하면 진휼賑恤, 시식施食, 견감蠲減, 진대賑貸, 권분勸分 및 원납願納, 경조輕糶 및 방곡防穀, 보양保養, 구료救療 등의 정책을 말할 수 있다. 이제 간단히 항목에 따라 서술해보자.

진휼賑恤 정책

이는 구황 정책의 초보적 행사로서, 삼국시대 이래 역사상 가장 자주 보인다. 진휼은 식량을 주로하고 소금, 간장, 의복, 베 등 현품 혹은 금전을 베풀어 이재罹災 및 그 빈궁민의 급박한 굶주림과 추위를 구제하는 것이다. 다산茶山 정약용丁若鏞의 《목민심서牧民心書》에 따르면 중

---

* 을파소(?~203)는 고구려의 재상으로 고국천왕과 산상왕을 섬겼다. 유리왕 때 신하인 을소의 4세손이라고 하므로 성은 을乙로 볼 수도 있고, 을파소가 모두 이름이라는 설도 있다. 아무튼 을파가 성이 아닌 것은 분명하다.

국의 진휼법은 진조賑糶와 진제賑濟 2종이 있는데, 진조는 식량 결핍자에게 미곡 값을 줄여 매출하는 것이고, 진제는 위급자에게 미곡을 무상으로 급여하는 것이다.* 우리나라의 법에 수도(京城)에는 진조賑糶 속칭 발매發賣가 많고 외읍에는 진제가 많다고 했다. 진제장賑濟場은 관부가 기민饑民에게 직접 진제하는 지정 장소였다.

삼국시대에 진휼 정책은 비단 자국 빈민을 구제할 뿐 아니라, 이웃나라의 유망流亡을 불러들여 이른바 인적 자원을 풍부하게 하는 중요한 정책이었다. 그 후 고려 때도 구제도감救濟都監**, 진제색賑濟色*** 등의 관서를 특설하여 곡물, 반죽飯粥, 식염食鹽, 장유醬油, 소채, 의류衣類, 포면布綿 등 현물을 가지고 굶주림과 추위에 빠진 인민을 진휼하였으며, 이조에 와서는 비황진대備荒賑貸 제도가 점차 구비되었지만 진휼사업을 한층 힘써 시행했다. 예를 들어 이조의 성군인 세종은 즉위 원년에 감사나 수령의 진휼 행정을 독려하되, 한 사람의 아사자를 내게 되면 죄를 짓는 것이니 용서하지 않을 것을 엄히 하교했다. 또 이조의 법전인 《경국대전》'비황備荒'에 수령이 진휼에 뜻을 두지 않고 기민을 사망하게 하거나 그것을 숨기고 보고하지 않으면 중죄에 처한다.****고 하였으

---

* 《목민심서》〈진황賑荒〉 6조 '규모'. 다른 곳에서는 진희賑餼와 진조賑糶라고 되어 있어 진희와 진제는 같은 뜻이라고 하겠다. 진희와 진조의 구체적인 차이는 《목민심서》〈진황6조〉, '제2조 권분'에 설명되어 있다.
** 1109년(예종 4) 개경의 백성들 사이에 질병이 유행하자 환자를 치료하고 죽은 사람을 매장하는 일을 맡기려고 설치한 기관.
*** 구제도감은 1348년(충목왕 4)에 진제도감賑濟都監으로, 1381년(우왕 7)에는 진제색賑濟色으로 이름이 바뀌었다.
**** 《경국대전》〈호전戶典〉'비황'.

니, 당시 진휼책의 강도를 충분히 짐작할 수 있다.

그 후 인조 때 진휼청賑恤廳이 설치되어 8도 환곡의 이식으로 거두어들인 모곡耗穀을 해당 관청이 전적으로 관리하여 기민 구제의 자본으로 사용했다. 이로부터 진휼의 상례常例는 일층 보급되어 재해와 흉황을 당해 떠돌며 빌어먹는 인민은 관부의 시휼施恤을 공연히 요구하게 되었으며, 관부 또한 그들의 진휼을 하늘이 정한 의무로 간주했다. 진휼 보편의 결과는 인민의 게으름을 초래하여 일 없이 먹기만 하는 폐해를 가져오기도 했다. 이조 문화의 황금기인 정조 10년 기록에 따르면, 진휼미는 20여만 석이고 기민은 총 300여만 명이었으니 당시 총인구가 730여만 명임을 볼 때 거의 반수에 달했다.•

시식施食 정책

시식은 물론 진휼의 일종이다. 요컨대 진제賑濟의 구급 방법이다. 즉 흉년 궁절窮節에 주로 빌어먹는 빈민이나 행려자를 위해 사원, 역원, 기타 적당한 장소에서 매일 취사장과 식탁을 설치하여 밥, 국, 채소, 죽 등을 직접 나눠주는 것이다.

예를 들면 고려조에는 당시 국도인 개성의 개국사開國寺••와 임진현臨津縣의 보통원普通院이 문종 이래 상설 시식소施食所로서 구제사救

• 이 책, 139쪽 〈표 1〉 참조.
•• 태조가 후삼국을 통일한 후 나라의 번영과 백성의 평안을 기원하며 창건한 국찰國刹로서 개경 탄현문炭峴門 밖에 있었다.
••• 원院이란 나그네를 재워주고 먹여주며 또 행려병자를 간호해주던 시설. 서울에는 서쪽에 홍제원, 동쪽에 보제원, 남쪽에 이태원利泰院이 있었다.

홍제원은 서대문 밖, 보제원은 동대문 밖에 있었다. 홍제원(좌), 보제원(우).

濟史에 이름을 높였고, 이조에 들어와 역대 군주들은 한성부의 홍제원 弘濟院(서대문 밖)과 보제원普濟院(동대문 밖)***을 기민 진제소로서 자주 이용했다. 시식 장소는 경도京都(개성을 가리킴)에만 한한 것이 아니고, 각 도 각처에 편재했다.

이조 때 성군의 하나인 숙종은 일찍이 별감別監을 죽소粥所에 보내 기민소飢民所의 끽죽喫粥을 가져오게 하여 친히 검사해보았다. 처음엔 홉·작[말(斗)과 되(升)의 아래 단계인 홉과 작을 가리킴] 수數도 자못 넉넉하고 쌀알도 농후했다. 한 번 더 가져오게 해 자세히 살피니 홉·작 수가 지난번보다 적을 뿐만 아니라 쌀알도 심히 희박했다. 왕은 진휼의 본뜻에 위반함을 노여워하여 동·서東西 설죽소設粥所에 하고, 신칙했다. 영조 38년(1762)의 진휼걸량賑恤乞粮과 그 설죽식設粥式을 보면 다음과 같다.

　　　성인 남성(男壯) (매구매시每口每時): 쌀 2홉 5작

　　　성인 여성(女壯): 쌀 2홉

　　　남녀 노인(男女老): 쌀 2홉

남녀 아동(男女弱) : 쌀 1홉 5작

그러나 시식 정책은 뒷날 폐해가 적잖이 일어났고 감독하기에 곤란해져서 근대에 이르러 폐지되었다.

견감蠲減 정책

견蠲은 제거除去라는 뜻인데,《주제周制》12황정荒政* 중 이른바 박정薄征〔세금을 가볍게 한다는 뜻〕이 이것이다.《원사元史》〈식화지〉에는 "견면에는 은면恩免이 있고 재면災免이 있다"**라고 했고,《고려사高麗史》〈식화지〉'진휼'에도 이를 모방하여 은면, 재면 2항으로 나누었다. 은면은 은혜로서 조租·용庸·조調, 즉 전세田稅·호세戶稅·요역徭役 등 공과公課와 포흠·죄벌 등 범형犯刑을 면제 혹은 감삭함이니, 개국開國·즉위卽位·재제齋祭·순행巡幸·불사佛事·경사慶事·난후亂後·역후疫後 혹은 기타 적당한 기회에 인민에게 베푸는 은전이다. 그리고 재면은 글자 뜻 그대로 이재민에게 공과와 범죄를 전적 혹은 개별적으로 면감免減해주는 것이다.

그러나 우리가 구제의 역사상 말할 때에는 은면보다는 재면이 주된 문제다. 흉년 재해가 든 땅에 조·용·조를 전부 면제 혹은 감할減割하며, 형편에 따라서는 진대곡, 이조 때로 말하면 환자곡까지 혹은

---

* 《주제周制》는《주례周禮》를 가리킴. 12황정은 이 책, 38~39쪽 참조.
** 《원사》〈식화지〉 4 '진휼', "蠲免 有以恩免者 有以災免者."

면하고 혹은 감하여 기한과 곤궁을 구제하니, 이것이 즉 견감이다.

견감은 진휼과 함께 삼국시대 이래 역대 조정에서 그 사례가 계속하여 끊이지 않았으며, 이조에 들어와, 더구나 이조 중엽 이후 견감 정책은 거의 황년荒年의 정해진 규칙이 되었던 것이다.

견감 정책에 대하여 성호星湖 이익李瀷은 전조田租를 견감하여 인민을 구휼하는 것이 정치 요령에 깊은 견해를 가진 것은 아니라고 했다.* 그의 이론에 따르면 전지田地를 소유한 후에야 전조가 있는 것인데, 전조가 감면되면 지위 있는 자, 즉 토지나 봉록을 받는 자는 은택을 입지만 소유지가 없는 빈민은 아무것도 얻는 것이 없다. 전조 면감免減은 요컨대 위정자가 토지 향유층의 이기적 열망에 순종한 것이라고 갈파했다.

진대賑貸 정책

진대는 진휼, 시식, 견감에 비하여 일보 발전한 것이다. 다시 말하면 원시 공동체의 관념이 점차 박약해지고 사유 관념이 토지 점유층인 귀족에 의해 점차 발달하는 동시에, 재물에 대한 보상적 관념이 일반 인민에게 뿌리내려 그들의 노작勞作을 성과로 누리는 일종의 역사적 표현이다.

조선 구제사상 진대법이 처음 나타난 것은 전술한 것처럼 고구려 고국천왕 16년의 일이다. 즉 왕은 담당 관청에 명하여 매년 춘3월부

---

* 《성호사설》 권14 〈인사문〉 '견조蠲租.'

터 추7월까지 관곡을 내어 백성의 가구 다소에 따라 차등 있게 대부했다가 동10월에 이르러 선납選納하게 하여 항식恒式을 삼았다는 것이다. 이는 물론 곡종과 그 농량을 각기 식구와 가계에 적용하게 함으로써 진대의 양을 정부가 한정한 동시에, 대출과 환납 시기를 또한 적당히 지정한 것이다. 《주례》에 이른바 '봄에 나눠주고 가을에 걷는다'•는 것이 곧 이것이다.

고국천왕 이전에도 진대법이 전연 없지는 않았고, 관부官府의 일시적 진대와 함께 민간부호民間富戶의 사적인 진대가 이미 수시로 있었을 것이다. 그러나 그것이 정부의 일정한 계획과 항구적 대책으로서 국정의 중요 지위를 점한 것은 고국천왕 때의 진대법이니, 신기원이라 아니하지 못할 것이다. 이는 후에 고려의 의창義倉과 이조의 환곡 및 사창社倉의 효시가 되었다.

고려 이후 비황 시설이 점차 완비됨에 따라 진대 정책은 더욱 빈번히 실행되었다. 혹은 겨울과 봄에 대출하여 가을철 곡식이 익을 때 회수하고 혹은 흉년에 대출하여 풍년에 회수했다. 처음에는 이식(이자) 없이 빌려주던 것이 후에는 약간 내지 고율의 이식을 첨부했다.

이조 때 환곡 설치 이후 진대 항식은 일반 세민細民[가난한 백성, 서민을 가리킴]의 구제책이 되었다. 그러나 세민 구제책으로 출발한 진대가 한편으로는 관청 창고에 저장해놓은 곡식을 새것으로 교체하는 방책이 된 동시에, 다른 한편으로는 국고國庫 이식책利息策으로 전락하고 말았다. 이조의 환곡 제도는 이른바 모곡耗穀, 즉 축미縮米의 징수

• 《주례》 권16 '여사旅師', "凡用粟, 春頒而秋斂之(困時施之 饒時收之)."

에 따라 국고 수입의 주요 자원이 된 동시에, 관부는 이른바 인민의 원부怨府가 되어버렸다. 구제 유무를 불문하고 매년 지방 민호에게 강제로 배분하여 대부한 결과, 그 폐해가 인민에게 질곡이 되는 부담이 되었던 것이다. 그러다가 근대에 와서 사창 폐지와 함께 곡물 대부 제도는 그 역사적 지위를 금융 대부 제도로 넘겨주게 되었다.

경조輕糶와 방곡防穀 정책

경조輕糶는 국고의 곡물을 싸게 팔아서 일반에 양곡이 풍부해지게 공급하여 곡가 폭등을 막는 것이다. 또는 빈민과 빈궁한 촌락을 조사하여 특정한 범위 내에서 미곡을 염가로 방매하는 것이다.

    방곡防穀은 경조와 서로 불가분리의 표리 관계를 가졌다. 한편으로는 곡물을 염매하고 다른 한편으로는 매점賣占을 엄금하여 그 효과를 확보하려는 것인데, 이조시대 들어 언제 기원했는지 아직 자세히 살피지는 못했다. 방곡은 조정이 임시 명령을 포고하여 지방관으로 하여금 일정 기간 내에 시장을 임검臨檢하고 개인의 매매에 간섭하여 다량의 매점을 금지한다 또 미곡 상인의 가택을 임검하여 다량의 집적을 막고 산매散賣[소비자에게 파는 일]를 신속하게 하되, 각지의 산미産米가 무역으로 경외에 유출되거나 곡물의 시리적市利的[상업상 이익을 얻으려는] 농단과 국부적局部的 지체가 없도록 한 것이다. 이러한 방곡 정책은 상평곡 경조가 폐지된 이후에도 근세까지 계속 행해졌다.

권분勸分

흉황이 왔을 때 관부는 관곡으로 흉황을 진휼하되, 이것으로 부족할 경우 지방관은 부민富民으로 하여금 사곡私穀을 납입하게 하니, 이것이 권분勸分이다. 권분이란 용어는 《춘추좌전春秋左傳》에 나오는데,* 두예杜預**는 "있는 사람과 없는 사람이 서로 돕는 것(有無相濟)"***이라고 주석했다. 중국의 역대, 특히 송宋의 유신儒臣이 지방관이 되어 이를 시행했다.

우리나라에서는 고려가 원元의 납속보관納粟補官[곡식을 바치면 관직에 임명하는 일]의 예를 모방하여 권분제를 기민 진휼에 이용했다. 이조 명종은 내외 관리에게 명하여 납속권분納粟勸分케 하였고,**** 숙종은 주자설朱子說을 취하여 관곡보결책官穀補缺策으로 관작官爵을 매출하였으니, 즉 중추부中樞府에 정원 외 특별 임용(과거에 의하지 않고)으로서 동지同知와 첨지僉知 두 관직을 설치하여 쌀 50석을 납입한 자에게는 동지, 40석을 납입한 자에게는 첨지를 수여하여***** 부유한 집이

---

* 《춘추좌전春秋左傳》 희공僖公 21년, "여름에 크게 가뭄이 드니 공이 무왕巫尫(여자 무당)을 태워 죽이려고 하였더니 장문중이 '이는 가뭄에 대한 대비책이 아닙니다. 성곽을 수축하고 먹는 것을 줄이고 비용을 절약하며 농사에 힘쓰고 나누어 먹기를 권하는 것(勸分)이 급무입니다'라고 말했다(夏大旱, 公欲焚巫尫, 臧文仲曰, 非旱備也, 脩城郭, 貶食省用, 務穡勸分, 此其務也)."
** 두예(222~284)는 진晉의 학자로서 재해 대책을 제시했다. 다음의 논문을 참고할 것. 김석우, 〈전쟁과 재해—《진서晉書》〈식화지食貨志〉에 보이는 두예의 재해 대책을 중심으로〉, 《동양사학연구東洋史學研究》 99, 동양사학회, 2007.
*** 원문에는 '有無相齊'라고 잘못 기재되었다.
**** 명종 16년(1561) 중앙과 지방의 관리에게 흉년을 구제하는 여러 가지 방책을 거론했다(《증보문헌비고》 권169 〈시적고〉7 '진휼'1).
***** 《증보문헌비고》에 따르면 숙종 16년 진휼청에서 보고한 내용이다(《증보문헌비고》 권170 〈시적고〉8 '진휼'2).

향리에서 영광을 누릴 길을 열어주었다.

그러나 그 결과, 기부 강요를 초래하는 동시에 공명첩空名帖인 무기명 임명장을 발매하는 지경에 이르게 되어 폐해가 매우 심했다. 그래서 영조 만년晩年에는 이것을 혁파하고 뜻있는 원납자願納者에 한하여 《대전大典》규정에 따른 포상을 시여했다.•

보양保養••

구제 정책의 일종으로 보양을 들 수 있다. 보양이란 이른바 '홀아비, 과부, 고아, 자식 없는 늙은이(鰥寡孤獨)' 같은 궁민窮民을 보호 양육하는 것이다. 삼국 이래 역대 군주가 친히 그들의 안부를 물어 관곡과 관재를 내어 진휼에 힘써왔던 것이다. 이조에 이르러 이런 것들을 보양하는 것이 일종의 관부가 해야 할 의무였던 것인데, 영조가《속경국대전續經國大典》을 실행한 이후•••로 보양 규례가 다소 변경되어 4궁四窮으로서 자활의 길이 없는 자에 대하여 첫째, 친족 부양親族扶養, 둘째, 무친족자의 관부 유양官府留養, 셋째, 민간의 임의 수양任意收養으로 규정되었다.

첫째, 친족 부양은 혈족의 강인한 유대와 씨족사회의 유구한 유풍

• 영조 27년 조정에서 권분에 따른 보상 문제에 대해 심각한 논의가 있었다(《증보문헌비고》권170 〈시적고〉8 '진휼'2).《대전》은 《경국대전》을 가리킨다.

•• 보호 양육을 줄인 말인데, 일반적으로 이렇게 쓰는 경우는 잘 보이지 않으므로 최익한이 만든 용어가 아닐까 한다.

••• 《속대전續大典》권3 〈예전〉 '혜휼'의 내용을 말하는 듯하다.《속경국대전》은 1746년(영조 22)에 간행된《속대전》을 가리킨다.

遺風에 따라 용이하게 수행되었다. 조선의 씨족제는 동족에 한해서는 비록 유복有服〔상복을 입어야 하는 가까운 친척〕의 한계를 지나 수십 촌이 되어도 동조同祖의 자손인 것이 분명하면 반드시 족위族位에 따라 호칭하니, 이는 친족 부양의 선천적 관념을 표시한 것이다. 그러다가 광무 9년《형법대전刑法大全》에서는 근대 개인주의의 영향을 받아 친족의 범위를 법적으로 축소해 유복친有服親과 무복친無服親의 가까운 자로만 한정했다.•

둘째, 관부 유양은 고려 이래 지방 관부가 상시 또는 수시로 그들에게 의식을 진급賑給한 예가 있었는데, 후세에 걸식하는 아이와 버려진 아이가 증가하므로 처치가 곤란하더니, 이조 정조는《자휼전칙字恤典則》을 제정하여 진휼청의 사업으로서 먼저 한양에 있는 유기아를 유양하여 지방 관청으로 하여금 법을 본받게 했다.••

셋째, 민간 수양은 민가에서 자녀 또는 노비를 만들 목적으로 유기아 또는 궁민을 수양한 것이다. 이 제도는 응당 신라의 장원莊園에서 먼저 발생했을 것이며, 고려에 와서는 사원寺院에서 성행했다. 당시 사원의 승려는 흔히 유기아를 수양하여 법부法父, 법자法子의 관계를 맺고 기타 유망자를 수양하여 사역자使役者로서 사원에 예속하는

• 《형법대전》 64조에는 친족의 범위를 ① 참최재최친斬衰齊衰親 특례特例, ② 기친朞親 5등五等, ③ 대공친大功親 4등四等, ④ 소공친小功親 3등三等, ⑤ 시마친緦麻親 2등二等, ⑥ 무복친無服親 일등一等으로 나누었다. 《형법대전》은 1905년(광무 9) 《대명률》과 《대전회통》〈형전〉을 절충하고 미비점을 보충하기 위한 것으로, 국한문 혼용체로 작성되었다.

•• 《자휼전칙》은 1783년(정조 7)에 간행된, 걸식 아동의 구제 방법을 규정하기 위해 만든 책이다. 총 14개의 조목이며 앞의 내용은 그중 첫 번째 조목이다. "一 荒歲行乞之兒, 以十歲爲限道, 傍遺棄之兒以三歲爲限, 五部隨聞見牒報賑恤廳, 自賑恤廳留養爲白乎矣, 行乞之兒, 荒年爲限麥秋留養, 遺棄之兒, 勿拘豊歉, 依節目施行爲白齊."

것이 관례였다. 이것이 점차 근원이 되어 일반 민가에서도 본받아 행한 결과, 아동 유괴와 인신 약탈의 폐습을 빚게 되었다. 이조는《대명률大明律》을 인용하여 모든 수양을 관부 사업으로 규정하고, 개인이 수양하는 것을 금했다. 그러나 실제로는 그러한 행위가 여전히 계속되었다.

양로養老

양로 또한 삼국 이래 역대 군주가 펼친 아름다운 정치였다. 홀아비, 과부, 자식 없는 늙은이가 아닌 한˙ 관부에서 부양하는 것은 허락하지 않고 다만 군주가 수시로 은사恩賜하여 경로의 미풍을 조장했다. 이 의미로는 서양의 양로은급제養老恩給制와는 그 성질이 다르다. 삼국시대 이래 국왕이 순행 길에 지방의 고령자를 불러 모아 의식을 내려주고 연회를 베풀었으며, 고려 이래 국가의 경사가 있을 때면 궁정에서 양로연을 베풀었고, 이조 초 이래 기로사耆老社˙˙를 설치하여 문무 2품 이상 70세 이상인 자를 불러 매년 춘추에 국왕이 연회를 함께 했다.

˙ 환과고독鰥寡孤獨의 4궁 가운데 고를 빼고 환과독만 언급했다.

˙˙ 조선시대 노인 우대 정책의 일환으로, 태조 3년에 기로소耆老所를 설치했고 세종 때는 기로사耆老社를 두어 문관 정2품 이상의 70세 이상 자를 입사하게 하여 매년 봄과 가을에 국왕과 함께 연회을 가졌다.

의료 정책

주곡主穀, 주병主病 등의 전설을 보면 의료 구제는 식량 구제와 함께 신시시대神市時代*부터 국가 사업이었다고 할 수 있으나, 이는 차치하고라도 삼국시대에는 인민 보건의 목적으로 대역大疫, 악질惡疾이 유행할 때 국가가 의료 사업을 직접 지도했던 것을 충분히 상상할 수 있다.

그리고 고려 초 현군인 정종은 국도 개성에 동·서 두 개의 대비원大悲院을 설치하여** 빈곤한 병자를 수용하고 약물과 의류를 시여하되 승려가 이에 종사하게 했다. 그 후 예종의 혜민국惠民局***과 공양왕의 혜민전약국惠民典藥局 등이 설치되어 구제 사업을 전관했다.

이조에 와서는 고려의 대비원제를 답습하여 태조 원년에 동서활인서東西活人署****를 한양에 설치하여 빈곤한 병자를 치료하고 같은 왕 6년에는 별도로 제생원濟生院을 설치하여 치료 방법 조사와 의학서 편찬 및 간행, 약물 조사와 채집, 여의女醫 양성(주로 맥과 침구술)에 주력했다. 그 후 숙종은 혜민서惠民署*****를 설립하여 제생원에 대신하고 일반 인민의 치료를 맡겼다. 고종 19년에 이것이 폐지되고 광무 3년에 광제원廣濟院이 설치되었다.

---

* 단군 이전의 환웅 시대를 가리킨다고도 하나, 여기서는 고조선을 말하는 것으로 보인다.
** 문종 3년(1049)에 설립했다고 한다(《고려사절요高麗史節要》 권4).
*** 예종 7년(1112)에 설치했다가 (《동사강목東史綱目》 권8), 공양왕 3년(1391)에 이름을 바꾸었다.
**** 동활인서는 고양군 숭인면 돈암리(현 돈암동), 서활인서는 고양군 아현리(현 아현동)에 있었다.
***** 1392년(태조 1) 7월 관제 제정 때 고려의 제도를 계승하여 혜민국惠民局을 설치하고, 1397년 8월 제생원濟生院을 설치하여 혜민국과 함께 해마다 향약재를 각 도에서 수납했다. 1460년(세조 6) 5월 제생원을 혜민국과 합치고, 1466년 1월 관제 개정 때 혜민국을 혜민서로 개칭했다.

동활인서, 혜화문 밖(오늘날 돈암동)에 있었다.

또 숙종은 구료 기관으로서 월령의月令醫를 설치했으니,* 이는 특정 개업의에게 월록月祿을 지급하고 의료에 종사하게 한 것이다. 오늘날의 공의公醫[의사가 없는 지역에 배치해 환자의 진료, 방역, 환경 위생 개선, 국민 보건 향상 업무에 종사하는 의사. 1914년부터 시행]와 유사하다.

이상으로 간략하고 거칠게나마 지난 시기 조선의 사회 정책 일반을 서술했다. 구제 정책에서 중요한 비황 기관인 삼창三倉, 즉 상평창, 의창, 사창 제도를 논구論究하지 않으면 구제 제도의 기구를 두루 살펴볼 수 없다. 그러나 제한된 지면이 이를 허용하지 않으므로 그만 할애하려 한다.

---

* 월령의는《경국대전》〈예전禮典〉에 규정이 있어서 조선 전기부터 설치되었음을 알 수 있다.

2부

조선 구제
제도 발달사

> 2
> 조선
> 구제
> 제도
> 발달사

　무릇 문명이라는 것은 자연을 이용 또는 정복하는 것을 이르는 것이요, 재해라는 것은 자연의 폭위暴威가 인간의 생존과 그 생활 조건에 대하여 어떠한 형태로든지 손상과 해독을 변이적變異的으로 주는 것을 이르는 것이다. 그러므로 문명과 재해는 실로 상반된 성질을 가지고 인간의 생활사에 상호 항쟁을 끝없이 되풀이해온 것이다. 만일 그러한 재해의 위협이 없었다면 인류 문명의 형태는 오늘날 우리가 용이하게 상상할 수 없는 다른 방향으로 진행했을 것이다. 또 어느 의미에서 우리 문명은 자극, 충동, 반성, 경계, 예비, 방어의 허다한 성질을 많이 잃어버리고, 일종의 무능, 무력한 자연 생장적 형태에서 당장의 편안함만을 취하고 말지 않았겠는가.

　재해에는 자연재해만이 아니고 인위적 재해도 있으니, 전자는 예를 들면 풍해(風), 수해(水), 한해(旱), 황해(蝗) 등이요, 후자는 질역, 방화, 전쟁, 도략盜掠 등이다. 그러나 인위적이라 해도 그것이 반드시 인간의 의지와 제도 때문이 아니고 자연 조건의 외래적 엄습掩襲에서

생긴 것이라면 역시 자연재해로 간주될 것이니, 예를 들면 전염병이나 화재 같은 것이다. 엄밀히 말하면 통칭 재해는 자연재해를 이르는 것이다.

그러나 문명의 증진에 따라 재해의 폭력이 물론 줄어든 것은 인간 생활사의 발전 경로를 표시하는 중대한 일면이다. 다시 말하면 재해 결과의 증감은, 즉 문명 정도의 고저에 대한 바로미터다. 십수 년 전 발생한 도쿄, 요코하마의 대화재*는 약 100억 엔의 재산과 10만여 명의 생명을 앗아가 그곳을 일시에 폐허로 바꾸어놓고 말았지만, 만일 이런 일이 현대가 아니라 고대 혹은 중세에 일어났더라면 그 결과는 오직 상전벽해에 견줄 만큼 영원한 폐허로 나타나게 되었을 것이요, 저만한 정도에 그치는 동시에 저토록 단시일의 복구 공사로 인해 일층 미화된 광경이 되는 것을 어찌 꿈엔들 그릴 것인가. 이것을 예로 추측해보면 현재 우리가 살고 있는 대지의 표면에 수만 년의 유구한 세월 동안 발생한 저 비할 데 없이 난폭한 자연재해가 문화가 저열한 원시 인군原始人群의 사회에서 일어났다면 다시 찾아볼 수도 없는, 즉 터무니없는 수많은 폐허를 만들어내고 말았을 것이 아닌가.

자연재해의 결과는 역사상 거의 예외 없이 인간 사회의 기근으로 나타났다. 다시 말하면 재해=기근은 일종의 방정식이다. 만일 재해와 기근이 분리되고 구별될 수 있다면 그것은 더욱 고도로 발전한 단계가 아닐 수 없다. 더구나 인간 사회의 기초인 경제생활의 형태가 농본

---

* 1923년에 일어난 관동대지진을 말함. 요코하마는 지진의 진앙지였다. 이때 대화재가 발생하여 도쿄 일대가 큰 피해를 입었다.

農本, 즉 중농重農 단계를 벗어나지 못한 농업국에는 재해가 곧 흉황이요, 흉황은 곧 기근으로서 불가분의 운명적 연쇄 관계를 갖고 있다.

《이아爾雅》*에는 곡물이 익지 않음을 '기飢', 채소가 익지 않음을 '근饉'이라 하였고,《곡량전穀梁傳》**에는 한 가지 곡식이 모두 자라지 않는 것(一穀不升)을 '겸嗛', 두 가지 곡식이 모두 자라지 않는 것(二穀不升)을 '기飢', 세 가지 곡식이 모두 자라지 않는 것(三穀不升)을 '근饉', 네 가지 곡식이 모두 자라지 않는 것(四穀不升)을 '강康'(강은 허虛의 의미), 다섯 가지 곡식이 모두 자라지 않는 것(五穀不升)을 '대침大侵'이라 하였으니,*** 이들 글자의 뜻에도 문화가 낮은 농본 경제의 고난적인 자태가 여실히 반영되고 있지 않은가. 흉황은 자연재해가 발생하는 틈틈이 일어나는 현상인데도, 그것이 인간 생활의 기근을 통하여 인류 사회에 절대적 위협을 주는 것이므로 흉황과 기근에 대한 구제 행사는 인류 사회의 정치 도덕에서 중요 부분을 점하고 있다. 동양인은 예로부터 비와 바람이 조화로운 것을 성대聖代의 상서로운 조짐과 왕자王者의 덕화德化로 간주하였으니, 이 또한 기근의 원인인 재해를 본능적으로 싫어하고 꺼린 관념에서 나온 것이다. 그리하여 치자 계급은 재해 해소와 기근 구제를 치도治道의 이상적 과목으로 여겼던 것이다. 천혜의 환경을 갖추어 농업이 일찍부터 발달한 중국의 황하 연안에서 하우씨夏禹氏는 9년 홍수의 재해에 대하여 치수정민治水定民의 공적을 크게

---

* 중국 13경의 하나로, 고서의 자구를 해석한 책. 저자와 편찬 연대는 잘 알 수 없다.
** 《춘추곡량전春秋穀梁傳》을 말한다. 중국 노나라 때 곡량적穀梁赤이 유교 경전인 《춘추春秋》를 주석한 책으로 《좌씨전》,《공양전》과 더불어 '춘추 3전'이라 한다.
*** 《춘추곡량전》에는 嗛은 慊으로, 飢는 饑로 표기되었다(《춘추곡량전》 '양공 24년').

선양한 결과 세습적 군권君權을 완전히 수립했고, 은殷 왕王 성탕成湯은 7년 큰 가뭄을 당하여 자신을 희생으로 제단에 올려놓고 산천에 기도하여 큰비를 내리게 하여 재민災民을 널리 구제한 결과 천명과 민심을 다잡아 은조殷朝 600년의 기업基業을 열었으니, 군권의 신성과 흥황의 구제는 끊을 수 없는 역사적 관계임이 비밀히 설명되고 있지 않은가. 《조선고기朝鮮古記》*에 따르면 홍익弘益을 이상으로 하고 인간 세상을 탐구하던 환웅천왕桓雄天王이 풍백風伯과 운사雲師를 거느리고 곡식과 생명을 주관(主穀主命)……하였으니, 이도 물론 원시농업시대에 비바람이 순조롭기를 희망한 구황 사상이 군권, 군덕君德과 결부된 표현이며, 또 단군시대에 홍수의 두려움이 있어서 왕도를 평양에서 당장경唐藏京으로 옮긴 동시에 신하로 하여금 치산치수하게 했다는 전설** 역시 정권과 구제의 관계를 얼마쯤 설파한 것이었다.

《예기禮記》〈왕제王制〉에 따르면,

> 나라에 9년의 저축이 없으면 부족하다고 하고, 6년의 저축이 없으면 급하다고 하고, 3년의 저축이 없으면 그 나라는 나라가 아니라고 하는 것이다. 3년을 경작하면 반드시 1년 양식의 저축이 있어야 하고, 9년을 경작하면 반드시 3년 양식의 저축이 있어야 한다. 이렇게 30년을 계속하면 비록 흉년, 가뭄, 홍수를 만나도 백성들이 굶주린 기색이 없게 된다. 이런 뒤에야 천자도 식사를 하면서 날마다 음악을 곁들일 수 있다.

---

* 《삼국유사三國遺事》〈기이〉2, '고조선'에 "《고기古記》에 이르기를……"이라고 한 것을 《조선고기》라고 표현했다.
** 홍수 때문에 당장경으로 옮겼다는 내용은 《삼국유사》에는 없고 《단기고사》 같은 책에 보인다.

國, 無九年之蓄曰 不足. 無六年之蓄曰 急, 無三年之蓄曰 國非其國也. 三年耕, 必有一年之食. 九年耕, 必有三年之食. 以三十年之通, 雖有凶旱水溢, 民無菜色, 然後, 天子食, 日擧以樂.

라고 하였으니, 구제의 주요 부분인 비황 정책이 중국 고대에 얼마나 중요시되었는지를 족히 알 수 있다. 중국사를 두루 살펴보면 군주의 정무政務는 그 태반이 직간접으로 비황備荒·구흉救凶에 있었으니, 이것을 유리하게 처리하면 그 정치는 인정仁政이 되고 그 주관자는 현군賢君, 성주聖主가 되거니와, 만일 그러하지 못하면 그 정치는 악정惡政이 되고 그 주관자는 폭군, 어리석은 군주가 되는 것이다. 군주뿐 아니라 일반 신민에게도 그들의 인심혜택仁心惠澤을 표시할 만한 중요한 기회는 무엇보다도 이 비황·구흉 행사에 있었던 것이다.

인간의 문명이 일반적으로 재해와의 항쟁에서 발전해온 이상, 세계의 어느 시대와 사회를 막론하고 구제 사상이 정치도덕에서 중요한 지위를 점한 것은 이제 다시 쓸데없이 논의할 필요가 없는 것이다. 《구약전서舊約全書》,《유태종전猶太宗典》,*《파사종전波斯宗典》** 등 책에 나타난 구제 제도와 '아전시부雅典市府'***의 구제 제도나 로마 황제의 구제 제도 등 모두 재해 구제를 부분적으로 포함하지 않는 것이 없으며, 유럽 중세에 점차 발달한 교회 사원의 구제 제도와 근세 각국의

---

* 《구약성경》 전체 혹은 유대인이 가장 중요하게 여기는 모세오경(창세기, 탈출기, 레위기, 신명기, 여호수아기)을 지칭하는 듯하다.
** 《코란》을 가리키는 듯하다. 파사波斯는 '페르시아'의 음역어.
*** 아테네의 폴리스를 가리키는 듯하다.

제반 구호 법규 또한 자연재해에 대한 구제를 제외하지 않았다.

그러나 구재救災, 구흉에 관한 사상과 제도는 유럽보다는 동양 여러 나라, 특히 중국에서 일찍부터 발달해 광범위하게 또는 계통적으로 실행되어온 것이 역사적 사실이라 할 수 있다. 더구나 동양에서는 천재지이天災地異와 수한기근水旱饑饉이 군주와 국가에 대한 더할 수 없는 하늘의 경계(無上天戒)로 인식되어 주관자의 반성, 덕을 닦고 인을 행하고 은혜를 베푸는 것에 위대한 정치적 동기를 주었으니 구재, 구흉은 경세제민經世濟民의 중대한 과제가 되지 않을 수 없었다.

중국 고대의 봉건 제도는 주周에서 완성되었고, 그의《경국대전》이라 할 만한 전적으로는《주례周禮》가 있는데, 이는 전에 없던 대문헌이었다. 이제《주례》〈지관地官〉을 보건대 대보식大保息의 제制가 있으니,* 자유慈幼, 양로養老, 관질寬疾, 안부安富와 함께 진궁振窮, 휼빈恤貧의 2항이 열거되었으며, 또 비比, 려閭, 족族, 당黨, 주州, 향鄕의 제制에 상임相任, 상수相受, 상장相葬, 상빈相賓과 함께 상구相救, 상주相賙가 규정되었으니,** 구구救는 흉재凶災를 구한다는 것이고 주주賙는 예물불비禮物不備를 서로 주급賙給한다는 것이다. 이것을 보면 구빈 제도가 상당히 완비되었던 것을 알 수 있지 않은가. 같은 책〈지관〉'대사도大

---

* 《주례》권10 '대사도大司徒', "以保息六養萬民: 一曰慈幼, 二曰養老, 三曰振窮, 四曰恤貧, 五曰寬疾, 六曰安富." 자유는 어린아이를 돌보아 양육한다는 뜻, 양로는 노인을 존경하고 우대한다는 뜻, 진궁은 빈궁한 사람을 살아갈 수 있도록 구제한다는 뜻, 휼빈은 가난한 사람을 구휼한다는 뜻, 관질은 병자를 너그럽게 대하여 중역을 시키지 않는다는 뜻, 안부는 편안하고 부유하게 한다는 뜻이다. '대보식의 제'라는 표현은 최익한이 이 내용을 강조하여 쓴 것으로 보인다. '보식6정'이라고 부르기도 한다.

** 역시《주례》권10 '대사도'에 나온다.

司徒'에 12황정을 말하였으니, 이는 구황 제도를 가장 구체적으로 조목조목 열거한 것이다.

① 산리散利: 본주本註에 따르면 곡종穀種과 식량을 대여하는 것을 말한다.

② 박정薄征: 정征은 조세 징수이니 박정은 조세를 견감하는 것이다.

③ 완형緩刑〔형벌을 관대하게 함〕

④ 이력弛力: 이력은 정역征役을 휴식시킨다는 것이다.

⑤ 사금舍禁: 이재민의 취리取利 행사에 대하여 금단하지 않는다는 것이다.*

⑥ 거기去幾: 관시關市의 세를 면제하여 물화物貨의 왕래와 매매를 편리하게 하는 것이다.**

⑦ 생례眚禮: 생眚***은 생省으로 통한다. 이는 길례吉禮와 빈례賓禮를 생략하여 재해 때 절검節儉을 힘써 행하는 것이다.

⑧ 쇄애殺哀: 이는 흉례凶禮, 즉 상장喪葬 등 예禮를 덜어서 없애는(減殺) 것이다.

⑨ 번악蕃樂: 번蕃은 번藩으로 통한다. 번악은, 즉 음악 기구를 폐장閉藏하여 실컷 노는(遊蕩) 것을 경계하여 삼가는(戒愼) 것이다.

⑩ 다혼多昏(=婚): 예수禮數를 갖추지 않고 혼취婚娶하는 자가 많다는 것

---

* 《목민심서》에는 산택의 금령을 풀어 백성으로 하여금 소식蔬食을 취하게 한다고 풀이한다(《목민심서》〈진황6조〉 '제1조 비황').
** 《목민심서》에는 관문과 장시에서 기찰을 안 한다고 풀이한다.
*** 원문에는 '빈賓'으로 되어 있으나 '생眚'의 오류로 보인다.

이다.

⑪ 색귀신索鬼神: 본주本註에 따르면 폐사廢祀를 구하여 수계受繼한다는 것이다. 요컨대 천지산수의 제신諸神에 재해 소멸을 기제祈祭하는 것이다.

⑫ 제도적除盜賊: 기근 때는 도적이 많으니 제거해야 하는 것을 말한다.

또 같은 편에 "대황大荒, 대찰大札*이면 나라에 이민移民, 통재通財, 사금舍禁, 이력弛力, 박정薄征, 완형緩刑하도록 명했다(大荒大札則令邦國移民通財舍禁弛力薄征緩刑)"라고 하였으니, 대황은 대흉년이요, 대찰은 대역려大疫癘다. 이민은 재해를 피하여 곡식이 흔한 지방으로 이주시키는 것이고, 이주하지 못할 경우 곡물을 수송하는데, 이것이 통재이니, 《춘추春秋》의 기록에 정공定公 5년 여름 "채나라에 곡식을 돌려보냈다(歸粟於蔡)"라고 한 것이 이러한 사실을 이르는 것이다.

그리고 같은 책 〈지관〉 '사시司市'에 ": 나라에 흉황찰상이 있으면 시장에는 세금을 거두지 않고 화폐를 주조했다(國凶荒札喪, 則市無征而作布)"**라고 하였으니, 포布는 화폐요 작포作布는 화폐 주조를 말한다. 재해가 있으면 물자가 결핍해지므로 물자를 모아들이고 시중에 나오도록 유치하기 위하여 물가를 등귀시키고, 물가를 등귀시키기 위하여 화폐를 다량으로 주조한다. 요컨대 곡물은 흉년이 있되 금은은 흉년이 없으므로 물건이 귀할 때는 화폐를 많이 주조하여 물자의 융통성과 시

* 역시 《주례》 권10 '대사도'에 나오는데, 원문에 대찰은 대차大劄라고 쓰여 있다. 《춘추》의 인용문까지 여기서 옮겨왔다.
** 《주례》 권14 '사시'. 흉황은 가뭄으로 곡식이 익지 않은 것, 찰상은 역병으로 인한 죽음을 말한다.

장의 구매력을 증진시키는 것이다.

그 외에도 〈지관〉 '유인遺人'에는 "위적委積(=倉廩)으로 시혜를 준비하되, 향리의 위적으로 인민의 간액艱阨, 즉 곤핍을 구휼하고 현도縣都의 위적으로 흉황을 준비한다"라고 했다.•

상술한 내용을 종합해보면, 주제周制의 완비가 과연 상당한 것을 알 수 있으며, 중국 후래 역대의 구흉·비황·삼창三倉(상평창·의창·사창)·진휼제제賑恤諸制는 모두 그 전형典型을 《주례》에서 취하였음을 또한 알 수 있다. 중국의 '황정'은 조선을 거쳐 일본에 수입되어 근대까지 내려온 것이다. 일본 문헌에 나타난 재해만을 연대순으로 세어보면 567년부터 1869년까지 무릇 1300여 년 동안 225회의 크고 작은 기근이 일어났는데,•• 이에 대한 정책, 즉 발창發倉, 포장蒲葬, 면책免責, 사곡賜穀, 경형輕刑, 상평常平, 의창義倉, 사창社倉 등은 대개 주周, 한漢, 송宋의 여러 제도를 모방해 활용한 것이다. 일본 역사상 이른바 다이카 개신大化改新[645년 일본에서 실시된 일련의 정치 개혁]은 당나라의 제도를 모방한 정치적 대시련이었는데, 둔창屯倉, 의창義倉 등 진휼은

• 《주례》 권13 '유인遺人'의 내용을 간추려서 옮겼는데 본래의 내용은 다음과 같다. "유인은 나라의 위적을 장악하여 시혜를 준비한다. 마을의 위적으로 인민의 곤핍을 구휼하고 문관門關의 위적으로 노인과 고아를 기르고, 교리郊里의 위적으로 빈객을 대접하고 야비野鄙의 위적으로 여행자를 대접하고 현도縣都의 위적으로 흉황을 준비한다(遺人 掌邦之委積 以待施惠 鄕裏之委積 以恤民之艱厄 門關之委積 以養老孤 郊裏之委積 以待賓客 野鄙之委積 以待羈旅 縣都之委積 以待凶荒)."
•• 이 같은 내용은 《일본재이지日本災異志》(小鹿島果 編, 東京: 日本鑛業會, 1894. 1.)와 같은 책에 나타난다.
••• 둔창은 원래 야마토 정권의 직할지로 다이카 개신과 율령제 도입에 따라 없어졌으며, 의창은 수의 제도를 바탕으로 다이카 개신 때쯤 도입되었고, 일본 나라 시대 초기에 만든 《대보율령大寶律令》에 관련 규정이 있다.

벌써 이 전후에 실행되었던 것이다.***

조선 종래 재해

조선은 산야를 막론하고 땅의 성질이 비옥하여 농경에 가장 잘 적응하므로 농업이 비교적 일찍 발달했는데, 이것은 문화와 역사 기록이 잘 증명한다. 농산물로는 쌀, 보리, 조(粟), 두류豆類, 잡곡, 면화, 마麻, 모시(枲), 견繭, 약초, 채소, 과실 등이 극히 다종다양하고 목재, 광물, 금류禽類, 수류獸類, 가축이 도처에 산출하며, 멀리 떨어진 삼면의 연해와 내부의 수많은 강이나 시내, 계곡에 어족魚族이 풍부하여 또한 자연의 보고를 이루었다.

그러나 고조선의 지역으로 보아 압록-두만 양 강 이남인 남부 지역은 그 지세가 아시아 대륙의 동부에 돌출한 긴 반도로서 대륙 기후와 해양의 영향을 엇갈리게 받아 기상학상 특이한 현상을 나타낸다. 그 결과 수재, 한재, 서리와 우박 등 자연재해가 비교적 격심한 동시에 농산물 피해가 또한 이에 정비례하지 않을 수 없다. 더구나 옛날에는 치산치수, 관개, 재배, 방축, 교통 등 기술 정도가 지금에 비하여 비록 유치하더라도 그 대신 인가人家가 희박하고 천연天然의 자재가 오히려 자연재해에 대한 자연적 방어에 적지 않은 효력을 발휘하였던 것이다. 그러나 근래에 이르면 인가가 흩어져 퍼지고 인적이 두루 미치고 개간이 광범위해지고 도로망이 확장되면서 산을 파헤치고 골짜기를 메우는 대공사와 광석 채취, 대규모 벌목으로 땅을 파헤치면서 자연재해를 불러들이거나 또는 가중하게 하는 데 중대한 작용을 하고 있다. 물론 현대 과학의 진보적 기술에 따른 방재피해防災避害의 부분적 시설은 있지만, 전자의 남은 피해는 후자의 보강을 상쇄하고도 오히려 남음이 있다. 그러므로 역사 기록에 실린 내용을 자세히 검토해보면 인간은 피재避災 활동에 점차 빠르고 민첩하게 대처해온 반면, 재해의 자연 현상은 양으로나 질로나 오히려 광대해지고 매우 혹독해지는 경향이 없지 않다. 이는 전에 없던 작년의 큰 가뭄*과 넓은 범위에 걸친 금강영악金剛靈岳〔금강산을 가리킴〕의 며칠 전 큰 화재가 웅변적으로 설명해주지 않는가 한다.

재해에 대한 종래의 기록이 자못 정확하지 못한 동시에 빠지거나 과장이 없지 않았던 것은 오랜 옛날에는 어느 나라든 막론하고 그들이 범해온 공통된 폐단이었는데, 조선〔우리나라를 가리킴〕, 그중 삼국·고려시대에 문헌의 불완전함과 함께 그 같은 공통된 폐단의 예가 일층 더했던 것이다.

그러나 전해오는 각종 역사 서적에 나타난 것을 비교해보면 가뭄, 황충, 홍수, 폭풍, 화재, 지진, 서리, 우박 등 여러 재해 중에서도 기근의 범위는 한재旱災가 제일 컸고, 황재蝗災는 한재에 거의 예외 없이 부수되었다. 피해의 대소로 보면 홍수가 한재 다음이지만, 동수同數의 빈발로는 한재가 도리어 홍수 다음인 것이 사실인 듯하다. 이조 때 관측 기록에 나타난 경성(한양) 출수표出水表만 살펴봐도 태종 7년(정해 丁亥, 1407) 5월부터 철종 10년(기미己未, 1859) 6월까지 453년 동안 발

---

* 1939년 가뭄을 가리키는 듯. 중부 내륙 지방에 중심을 두고 전국에 걸쳐 광범위하게 나타났던 기록적인 가뭄이었다(한국지구과학회, 《지구과학사전》, 2009, 북스힐). 당시에는 기묘가뭄이라고 불렀다.

생한 홍수 횟수는 무릇 172건으로 다수에 달했다.

그다음에는 폭풍 피해가 상당히 컸으며, 지진 횟수도 강진과 미진을 합하여 신라, 고려 이래로 상당히 빈발했다. 풍해 다음에는 서리, 우박 피해가 적지 않았다. 화재 기록도 상당히 빈발하였는데 산불, 병화兵火 등 피해가 그중 혹렬하였으며, 화재의 발작이 동절기에 많았던 것을 보면 발화의 주요 원인이 관솔불, 용탄用炭, 온돌 등이었던 것을 짐작할 수 있다.

이제 각종 사록史錄에 의하여 제반 재해의 발생 횟수를 계산해보면 다음과 같다(총독부 조사 자료 제24집《조선의 재해朝鮮の災害》* 참조). 그러나 다음의 횟수는 기록에 나타난 것인 만큼 반드시 사실의 횟수와는 일치하지 않는다.

- 가뭄과 황충蝗蟲: 303회
    백제 온조왕 4년(기원전 15) "봄과 여름에 큰 가뭄이 들어 기근이 발생했다(春夏旱饑)"에서 이조 고종 25년(1888) "여름가뭄(夏旱)"까지.
- 홍수: 170회
    고구려 민중왕 2년(45) 5월 "나라의 동쪽 지방에 큰 홍수가 발생했다(國東大水)"에서 이조 고종 29년(1892) 10월 "평안도에서 큰 홍수로 400여 호가 떠내려가고 파손되었다(大水漂頹四百餘戶)"까지.
- 폭풍: 186회
    고구려 모본왕 2년(49) 3월 "폭풍으로 나무가 뽑혔다(暴風拔樹)"에

---

* 조선총독부 편, 1928년 간행.

서 이조 영조 15년(1739) 6월 "큰 바람이 남쪽에서 불어와 나무가 부러지고 기와가 날리며 청도에 재난이 발생하고, 이는 서쪽 주변에 이르러 더욱 심했다(大風從南來 折木飛瓦 起自患淸道 至西邊尤甚)"까지.

- 지진: 345회(강진 59회)

고구려 유리왕 21년(2) 8월 지진에서 이조 고종 광무 2년(1898) 11월 지진까지.

- 상해霜害: 89회

백제 온조왕 28년(9) 4월 "서리가 내려 보리에 해를 입혔다(隕霜害麥)"에서 이조 영조 30년(1754) 4월 "서리가 내렸다(隕霜)"까지.

- 박해雹害: 38회

백제 온조왕 37년(19) 3월 "우박이 달걀과 같이 크게 내리다. 새들이 맞으면 대부분 죽다(雨雹大如鷄子 鳥雀中者皆死)"에서 이조 고종 11년(1874) 8월 황해도 '대박大雹'까지.

- 화재火災: 192회

신라 지마왕 21년(132) "궁궐 남문에 불이 났다(宮南門災)"에서 이조 고종 광무 8년(1904) 2월 '경운궁慶運宮 중화전中和殿, 함녕전咸寧殿, 즉조당卽祚堂, 석어당昔御堂, 경효전景孝殿 화재'까지.

조선 종래 구제

앞에서 잠깐 언급한 것과 같이 전前 조선시대에는 홍수의 우환이 있으므로 단군이 팽우彭虞에게 명하여 국내 산천을 다스리고 인민을 정거定居시켰다 했으니,* 당시 재해에 관한 구제가 원시적이나마 상당히 광범위했을 것으로 보인다. 하지만 워낙 상고에 관한 전설이니 지금 그 진상을 단적으로 측정할 수는 없다.

그리고 후조선後朝鮮, 즉 기자조선箕子朝鮮에 와서는 문혜왕文惠王 원년(기원전 843)에 윤환법輪環法**을 세워 빈민을 구제하였고, 성덕왕 盛德王 원년(기원전 793)에는 여름 가뭄이 들어 왕이 백악白岳에 친히 기도하여 큰비가 내렸다. 정경왕貞敬王 원년(기원전 722) 5월 초하루에는 일식으로 낮이 어둑하여 까치와 까마귀가 어지럽게 울거늘 왕이 재해를 막는 도를 물으니 군신群臣이 대답해 가로되 덕정을 닦고 형벌을 줄이고 부렴賦斂을 가볍게 하소서 하였고, 정경왕 13년(기원전 710)에는 크게 기근이 들어 조정에서 제齊와 노魯의 말에 능통한 상민商民을 가려서 어염동철魚鹽銅鐵을 배에 싣고 제와 노의 땅에 건너가 쌀을 가만히 사가지고 돌아와 기민을 구제하고 또 백관의 봉록을 반으로 줄었다. 효종왕孝宗王 원년(기원전 675)에는 제양원濟養院을 세워 '홀아비, 과부, 고아, 자식 없는 늙은이'로 고할 데가 없는 자들을 수양收養하였고, 가덕왕嘉德王 원년(기원전 342) 여름에는 크게 가물었으므로 왕은 원옥冤獄이 있는가 하여 크게 사면하고 기우제를 친히 행했다고 한다.

---

* 《환단고기桓檀古記》〈단군세기〉의 "帝命風伯彭虞治水 定高山大川以便民居"를 인용한 것으로 보인다. 최익한은 대종교에도 관심이 많았다. (이병기 저, 정병욱·최승범 편,《가람일기》, 신구문화사, 1976 참조.)

** 《대동사강大東史綱》에는 윤환법이 아니라 진대법이라고 기록되어 있다(1974, 경문사, 상권, 본문 4장 후면).《대동사강》은 1929년 김광金洸이 발간하였으며, 1974년 경문사에서 다시 간행했다. 최익한이 어떤 판본을 참고했는지는 알 수 없다. 이 책은 기자조선-마한으로 이어져 조선 후기 유학자들의 역사 인식을 담고 있는 듯하다. 기자를 부정하는 대종교와는 차이가 있어 보인다.

그러나 이 또한 아득히 먼 고대에 관한 확실하지 않은 기록인 만큼 그 구제 사실의 내용을 쉽사리 추측하여 판단할 수 없다.

그러면 우리나라 역사에서 자연재해에 관한 구제 연혁을 자세히 연구하고 두루 살펴보려면 반드시 삼국시대부터 시작하지 않으면 안 될 것이다. 이제 《삼국사기三國史記》에 의하여 다음과 같이 뽑아 기록한다.*

삼국의 구제 제도

신라의 구제 제도

- 신라 남해왕 15년(서기 18년), 경성京城에 가뭄과 황충이 나타나 민이 굶주리자 창고의 곡식을 내어 구제했다.**
- 유리왕 5년 11월, 왕이 국내를 순행하여 홀아비, 과부, 고아, 자식 없는 늙은이, 늙고 병들어 스스로 생활할 수 없는 이들을 찾아가 식량을 주어 돌보았다.
- 탈해왕 19년, 크게 가물어 민이 굶주리므로 창고를 열어서 진급賑給했다.
- 파사왕 27년 정월, 왕이 압독주押督州(지금의 경산)에 행행幸行하여 빈

---

* 《삼국사기》를 본 것은 사실이지만, 실제로는 이용하기에 편리한 《증보문헌비고》를 의존한 듯하다.
** 《삼국사기》에는 "京城旱, 秋七月蝗民饑, 發倉廩救之"라고 하였으나 《증보문헌비고》에는 '추칠월'이 빠져 있다. 그런데 최익한은 《증보문헌비고》를 인용했다.

민을 진휼했다. 29년 5월, 큰물이 나서 백성이 굶주리자 10도*에 사자使者를 보내 창고를 열어 진급했다. 30년 7월, 황충이 와서 곡식에 해를 입히자 왕이 산천에 두루 제사하고 기원했다.

■ 지마왕 3년 3월에 우박으로 보리 싹이 상하고 4월에 큰물이 나서 죽을죄를 제외하고는 죄수 전부를 방면했다.

■ 일성왕 12년 봄과 여름에 가물었는데 남쪽 지방이 가장 심했다. 백성들이 굶주리니 곡식을 옮겨 진급했다.

■ 내해왕 3년 5월, 나라의 서쪽에 큰물이 났다. 재해를 입은 주와 현에 1년 치 지세와 호세를 면제하고, 7월에 사자를 파견하여 위로했다. 6년 3월 초하루에 일식이 있었다. 크게 가물자 내외의 죄수를 살펴서 가벼운 죄는 사면했다. 15년 봄과 여름에 가물었다. 사자를 보내 군읍의 죄수를 기록하여 죽을죄를 제외하고는 모두 사면했다. 31년 봄에 비가 내리지 않고 가을 7월에 들어 비가 내렸다. 백성들이 굶주려 창고의 곡식으로 진급하고, 10월에 내외의 죄수들을 기록하여 사면했다.

■ 첨해왕 7년 5월부터 7월까지 비가 내리지 않아 조묘祖廟〔조상의 신주를 모신 사당〕와 명산에 기도하고 제사했다.

■ 미추왕 3년, 왕이 황산黃山**에 가서 고령자와 가난해서 스스로 살 수 없는 이들을 진급했다. 7년 봄과 여름에 비가 내리지 않자 신하들을 남당南堂***에 모으고 정치와 형벌의 얻고 잃은 것을 왕이 직접 물었으며

---

* 10도는 '신라 수도 경주에서 지방으로 향하는 열 가지 길'이라는 뜻. 중앙에서 10방면의 길을 따라서 사신을 파견한 것으로 이해된다.
** 황산은 양산시에 위치한 오봉산을 가리키는 것으로 보인다(전덕재, 2007, 〈삼국시대 황산진과 가야진에 대한 고찰〉《한국고대사연구》47).
*** 남당은 월성에 설치되었으며 왕이 정무를 보던 정청政廳이라고 추정된다. 도당都堂이라고도 했다.

사자를 파견하여 백성의 고충을 순문巡問했다.

■ 기림왕 3년 2월, 비열홀比列忽*에 순행하여 고령자와 가난한 사람을 친히 위문하고 곡식을 차등 있게 내려주었다.

■ 흘해왕 4년 가을 7월, 황충과 가뭄이 들었다. 백성들이 굶주리니 사자를 보내 구휼했다. 8년 봄과 여름에 가뭄이 들었다. 왕이 죄수를 친히 살펴 많은 사람을 풀어주었다.

■ 내물왕 2년 봄에 홀아비, 과부, 고아, 자식 없는 늙은이에게 사자를 보내 위로하고 곡식 3곡斛씩 주었다. 17년 봄과 여름에 크게 가물자 흉년으로 백성들이 굶주려 떠도는 자가 많아지므로 창고를 열어 진급했다. 42년 가을 7월에 북쪽 변경 하슬라何瑟羅**에 황충의 해가 있어 흉년으로 백성들이 굶주리자 죄수를 풀어주고 1년 치 세금을 면제했다.

■ 눌지왕 4년 봄과 여름에 크게 가뭄이 들었다. 가을 7월에 서리가 내려 곡식이 상했다. 백성들이 굶주려 자손을 파는 자가 있으므로 죄수를 풀어주었다.

■ 자비왕 12년 여름 4월, 나라 서쪽에 큰물이 나서 집이 떠내려가고 부서졌다. 가을 7월에 수재를 당한 주와 현을 순무巡撫했다.

■ 소지왕 2년, 서라벌에 가뭄이 들었다. 겨울 10월, 백성이 굶주리니 창고의 곡식을 내어 진급했다. 4년, 큰 바람, 화재, 장마 등의 여러 재해

---

* 원문에는 비례홀比例忽로 잘못 표기되었다. 함경남도 안변군 안변면(현재 북한의 강원도 안변군 안변읍)에 해당한다. 비열홀이 신라의 영토로 편입된 시기는 진흥왕 대이기 때문에 기림왕이 이곳에 행차했다는 사실에 의문을 제기하는 견해도 있다.
** 신라의 북쪽 변경 강릉의 옛 지명.

가 있으므로 서울과 지방의 담당 관청에 명하여 죄수를 고려하게 했다. 5년 10월, 일선 지역*에 행행하여 여름과 가을에 난 홍수 이재민을 위문하고 곡식을 차등 있게 하사했다. 10년 2월, 일선군에 행행하여 '홀아비, 과부, 고아, 자식 없는 늙은이'를 위문하고 곡식을 차등 있게 하사했다. 14년 봄과 여름에 가뭄이 들자 왕이 스스로 꾸짖고 음식 가짓수를 줄였다.

■ 지증왕 7년 봄과 여름에 가뭄이 들었다. 백성이 굶주리므로 창고를 열어 가난을 진휼했다.

■ 진평왕 3년 7월, 서리와 우박이 내리자 왕이 순무하여 굶주림을 구휼했다(이 조항은 《증보문헌비고》 '진휼'에 의함). 7년 봄 3월에 가뭄이 들었다. 왕이 정전正殿을 피하고 음식을 줄이며 남당에서 죄수들을 살폈다. 11년 가을 7월, 나라 서쪽에 홍수가 났다. 3만 360호의 가옥이 떠내려가고 물에 잠겼으며 200여 명이 죽었다. 왕이 사자를 보내 진휼했다. 18년 겨울 10월, 영흥사永興寺 화재로 350호가 불탔으므로 왕이 친히 가서 구제했다.

■ 선덕여왕 원년 여름에 가뭄이 들었다. 겨울 10월에 나라 안의 홀아비, 과부, 고아, 자식 없는 늙은이와 혼자 생활이 어려운 자에게 사자를 보내 위문하고 진휼했다.

■ 문무왕 6년 2월에 서라벌에 지진이 났으며, 4월에 영묘사靈廟寺**에 불이 나자 죄수들을 크게 사면했다. 8년(668), 고구려를 멸하고 국내의

---

* 일선은 지금의 구미시 선산읍으로 비정된다.
** 선덕여왕 4년(635)에 창건된, 경주시 사정동 현 흥륜사가 위치한 곳에 소재했던 사찰. 흥륜사지 발굴 결과 '영묘사명靈廟寺銘' 기와가 발견되었다.

죄수를 사면하며, 빈한하여 남의 미곡米穀을 대출한(糶人米穀) 자는 풍년을 기다려 상환하되 흉년 피해가 심한 자는 이자와 원금(子母=元利)을 모두 면제시켰다(이 조항은 《증보문헌비고》 '진휼'에 의함). 9년, 세 군의 백성이 굶주리므로 창고를 열어 진휼했다.*

■ 성덕왕 4년 5월, 가뭄이 들었다. 10월, 나라의 동쪽 주와 군에 기근이 들어 집을 나와 떠도는 자가 많이 발생하니 사자를 보내 진휼했다. 5년 봄, 나라 안에 기근이 드니 창고의 곡식을 내어 구제했다. 가을에 곡식이 자라지 않으니 겨울 12월에 크게 사면했다. 6년 봄 정월에 많은 사람이 굶어죽었다. 사람마다 7월까지 하루 3승升씩 배급하고, 2월에 크게 사면하고 백성에게 5곡의 종자를 차등 있게 주었다. 8년 여름에 가뭄이 들었다. 8월에 죄인을 풀어주고, 9년에 지진이 나자 또 죄인을 사면했다. 14년 6월에 크게 가뭄이 들었다. 왕이 하서주河西州〔지금의 강릉〕 용명악龍鳴岳 거사 이효理曉를 불러 임천사林泉寺**의 연못에서 기우祈雨하게 했다. 12월에 유성이 천창天倉에서 태미太微***로 들어오니 죄인을 사면했다. 15년 6월에 가뭄이 들었다. 또 거사 이효를 불러 비 내리기를 빌고 죄인을 사면했다. 17년 2월, 왕이 나라 서쪽의 주와 군을 순무하고 고령자와 홀아비, 과부, 고아, 자식 없는 늙은이를 위문하여 물품을 차등 있게 하사했다.

---

* 《삼국사기》 '문무왕' 9년 5월조에 따르면 세 군은 천정군泉井郡, 비열홀군比列忽郡, 각련군各連郡이다.
** 임천사는 경주시 동천동에 위치했던 것으로 추정된다.
*** 천창과 태미는 모두 별자리. 천창은 별자리 28수宿의 하나로, 곡식을 저장하는 곳을 말하고, 태미는 하늘나라의 조정朝廷으로, 임금과 신하가 지혜를 모아 나라를 다스리기 위한 정치를 펼치는 곳을 의미한다.

■ 경덕왕 6년 가을에 가뭄이 들고 겨울에 눈이 내리지 않았다. 기근과 역병이 돌아 10도에 사자를 보내 위로하고 보살폈다. 14년 봄, 곡식이 귀하여 백성들이 굶주렸다. 가을 7월에 죄인들을 사면하고 노인, 병자, 홀아비, 과부, 고아, 자식 없는 늙은이의 형편을 살피고 차등 있게 곡식을 내렸다.

■ 원성왕 2년, 나라의 동쪽 지방에 우박이 내려 뽕나무와 보리가 모두 상했다. 7월에 가뭄이 들었다. 9월에 서라벌 백성들이 굶주려 곡식 3만 3240석을 내고 10월에 또 곡식 3만 3000석을 내어 진급했다. 4년 가을, 나라 서쪽 지방에 가뭄과 황충이 들었다. 도적이 많아지므로 왕이 사자를 보내 위로하고 보살폈다. 5년 봄 정월 초하루에 일식이 있었다. 한산주漢山州*의 백성들이 굶주리므로 곡식을 내어 진급했다. 6년에 큰 가뭄이 들었다. 한산, 웅천熊川** 두 주의 기민을 곡식을 내어 진휼했다. 11년 4월에 가뭄이 들었다. 왕이 죄수를 친히 살폈다. 12년 봄, 서라벌에 기근이 발생하고 역병이 돌아서 창고를 열어 진휼했다.

■ 헌덕왕 6년 5월, 나라의 서쪽 지방에 큰물이 났다. 사자를 보내 위로하고 수재를 입은 주와 현에 1년 치 지세와 호세(租調)를 면제했다. 9년 여름 5월, 비가 내리지 않아 산천에 두루 기도했다. 10월에 많은 사람이 굶어죽으므로 주와 군으로 하여금 창고를 열어 진휼했다.

■ 흥덕왕 7년 봄과 여름에 가뭄이 들어 땅이 붉게 타들어갔다. 왕이 정전을 피하고 음식을 줄이며 내외의 죄수를 사면했다. 8월에 흉년과 기

---

* 신라 9주九州 가운데 하나. 지금의 경기도 광주 지역에 주치州治를 두었다.
** 신라 9주 가운데 하나. 주치는 지금의 공주.

근으로 도적이 여러 곳에서 일어났다. 겨울 10월에 사자를 파견하여 위로하고 보살폈다. 9년 10월에 나라의 동쪽 지방 주와 군에 순행하여 60세 이상의 노인과 홀아비, 과부, 고아, 자식 없는 늙은이를 찾아가 곡식과 베를 차등 있게 주었다.

- 문성왕 12년 봄 5월에 토성이 달에 들었다.* 서라벌에 흙비가 내렸다. 큰 바람이 불어 나무가 뽑혔다. 사형에 처할 죄인 이하는 사면했다. 17년 봄 정월에 전년에 황충 피해를 입은 서남 지방의 백성에게 사자를 보내 위로했다.

- 헌안왕 3년 봄에 전년의 서리와 가뭄으로 곡식이 귀하여 사람이 굶주렸다. 사자를 파견하여 구제했다. 여름 4월에 제방을 고쳐 완벽하게 하고 농사를 권장했다.

- 경문왕 7년 5월 서라벌에 역병이 돌았다. 8월에 큰물이 나서 곡식이 자라지 않았다. 10월에 사자를 보내 위로했다. 13년 봄에 백성들이 굶주리고 또한 역병이 돌았다. 사자를 보내 진구했다.

고구려의 구제 제도

- 고구려 대무신왕 2년(서기 19년) 정월, 도읍에 지진이 나서 크게 사면했다. 5년, 왕이 부여를 친히 정벌하고 돌아와서 친히 죽은 자를 조문하고 병든 자를 위문하여 백성을 위로했다.

---

* 토성이 달을 지나갔다는 의미. 천문 현상의 하나지만 옛날에는 천하에 대상大喪이 일어날 징조로 이해했다.

■ 민중왕 2년 5월, 나라의 동쪽 지방에 큰물이 나서 백성들이 굶주리므로 창고를 열어 진급했다.

■ 모본왕 2년 3월에 폭풍이 불어 나무가 뽑혔다. 4월에 서리와 우박이 내렸다. 8월에 나라 안 굶주린 백성에게 사자를 보내 진휼했다.

■ 태조왕 56년 봄에 큰 가뭄이 들고, 여름에는 땅이 타들어가 백성들이 굶주렸다. 사자를 보내 진휼했다. 66년 2월에 지진이 났고, 7월에 황충과 우박이 곡식에 피해를 입혔다. 8월에 담당 관청에 명하여 어질고 착한 사람과 효성이 있어 부모에게 순종한 사람을 천거하게 하고 홀아비, 과부, 고아, 자식 없는 자와 늙어서 스스로 살 수 없는 자를 물어 옷과 음식을 주었다. 69년 10월에 왕이 부여에 가서 태후太后 묘〔주몽의 어머니 유화부인 사당〕에 제사하고 백성 가운데 곤궁한 이들을 찾아가 물품을 차등 있게 내려주었다.

■ 고국천왕 16년 7월, 서리가 내려 곡식을 해하니 백성이 굶주려서 창고를 열어 진급했다. 10월, 서울과 지방의 담당 관청에 명하여 홀아비, 과부, 고아, 자식 없는 자와 노인, 병자, 가난하여 스스로 살 수 없는 자를 찾아 구휼했다. 또 매년 3월부터 7월까지 관곡을 내어 식구 수의 다소에 따라 백성에게 차등 있게 진대하고, 겨울 10월에 이르러 도로 받아들이는 정해진 법식으로 삼았으니, 서울과 지방에서 크게 기뻐했다.

■ 서천왕 4년 7월 초하루에 일식이 있었다. 백성들이 굶주리므로 창고를 열어 진급했다.

■ 봉상왕 9년 정월에 지진이 났다. 2월부터 7월까지 비가 내리지 않아 기근이 들어 백성들이 서로 잡아먹었다. 8월, 왕이 국내의 남녀 15세 이

상을 징발하여 궁실을 수리하니 국상 창조리가 왕에게 간했다.•

■ 고국원왕 2년 2월, 왕이 졸본••에 가서 시조始祖 묘•••에 제사하고 백성 가운데 늙고 병든 자를 두루 위문하여 진급했다.

■ 고국양왕 6년, 전년 여름의 가뭄과 가을의 황충 피해로 봄에 기근이 들어 사람이 서로 잡아먹었다. 창고를 내어 진급했다.

■ 장수왕 7년, 나라의 동쪽 지방에 큰물이 났다. 사자를 파견하여 위문했다.

■ 안장왕 3년 4월, 왕이 졸본에 가서 시조 묘에 제사하고 돌아오는 길에 주와 읍의 가난한 백성에게 곡식 1곡씩을 주었다. 5년 봄에 가뭄이 들어 겨울 10월에 기근이 발생했다. 창고를 열어 진구賑救했다.

■ 안원왕 6년 봄과 여름에 크게 가뭄이 들었다. 굶주린 백성에게 사자를 보내 위로와 구제를 하고, 7년 3월에 백성들의 굶주림을 왕이 두루 다니면서 위로하고 진구했다.

■ 평원왕 5년 여름에 크게 가뭄이 들었다. 왕이 음식을 줄이고 산천에 기도했다. 13년 8월에 황충과 가뭄이 들어 궁실 중수의 역役을 그만두었다. 19년 7월, 서리와 우박이 곡식을 해했다. 10월, 백성들이 굶주리자 왕이 두루 다니면서 위무하고 구제했다.

• 왕이 창조리의 간언을 받아들이지 않자, 창조리는 신하들과 모의하여 왕을 폐하고 미천왕을 세웠다. 진휼 정책이 우선임을 보여주는 기사다.

•• 고구려 초기 도읍이 있던 곳. 지금의 중국 혼하渾河 유역의 환인桓仁 지방으로 추측된다.

••• 시조 주몽의 사당. 고구려가 평양으로 천도한 후에도 최초의 수도인 졸본에 동명왕 묘가 있었으며, 왕들은 졸본에 가서 제사를 지냈다.

백제의 구제 제도

■ 백제 시조 온조 33년(서기 15년) 봄과 여름, 큰 가뭄이 들어 백성들이 굶주려 서로 잡아먹고 도적이 크게 일어났다. 왕이 위무하고 평안하게 했다.

■ 다루왕 11년 가을, 곡식이 여물지 않아 백성들이 사사로이 술 빚는 것을 금지했다. 겨울 10월, 왕이 동·서 양부兩部*를 순무하고 가난하여 스스로 살 수 없는 자들에게 곡식을 2석씩 주었다. 28년 봄과 여름에 가뭄이 들자 죄수를 고려하여 사형할 죄를 사면했다.

■ 기루왕 40년 6월, 큰비가 열흘 동안 내려서 한강 물이 넘쳐 민가가 떠내려가 부서졌다. 가을 7월, 담당 관청에 명하여 수해 입은 밭을 보수했다.

■ 초고왕 43년 가을, 황충의 재해를 입었다. 가뭄이 들어 곡식이 제대로 익지 못하여 도적이 많이 일어났다. 왕이 위무하고 안정시켰다.

■ 구수왕 9년 2월, 담당 관청에 명하여 전년 5월에 나라 동쪽 지방에 큰 물이 나서 산이 무너졌던 40여 곳의 제방을 수리하고, 명령을 내려 농사를 권장했다. 14년 4월에 큰 가뭄이 들었다. 왕이 동명성왕 묘**에서 기우제를 지냈다.

---

* 수도 5부 가운데 양부를 뜻한다.
** 온조왕 원년에 동명왕 묘를 세웠다고 하며, 이후 한성시대에 역대 백제 왕이 동명왕 묘에 제사 지내는 것이 관행화되었다. 일반적으로 동명은 부여의 시조인 동명을 가리킨다. 백제가 동명왕 사당을 세워 제사를 지낸 것은 부여족의 족조族祖인 동명을 시조 묘에 모심으로써 왕실의 권위를 높이기 위한 것이었다고 이해된다.

2부 조선 구제 제도 발달사 · 55

■ 고이왕 15년 봄과 여름에 가뭄이 들었다. 백성들이 굶주리므로 창고를 열어 진휼하고, 또 1년 치 세금을 면제했다.

■ 비류왕 9년 2월에 백성의 질병과 고통을 사자를 보내 두루 위안하고, 홀아비, 과부, 고아, 자식 없는 늙은이로서 스스로 생활할 수 없는 사람에게 곡식을 3석씩 주었다.

■ 근구수왕 8년 봄부터 6월까지 비가 내리지 않았다. 백성들이 굶주려 자식을 파는 자가 있으므로 관곡을 내어 몸값을 물어주고 되돌렸다.

■ 아신왕 11년 여름, 큰 가뭄이 들어 벼의 모가 말랐다. 왕이 횡악橫岳*에 친히 제사를 지냈다.

■ 전지왕 13년 4월, 가뭄이 들어 백성들이 굶주렸다. 7월에 동북 2부의 백성 중 15세 이상을 징발하여 사구성沙口城**을 쌓게 했다(현금의 토목공사 구제에 상등한다).

■ 비유왕 2년 2월, 왕이 4부***를 순행하여 위무하고 가난한 사람에게 차등 있게 곡식을 하사했다.

■ 동성왕 21년 여름, 큰 가뭄이 들어 백성들이 굶주리고 서로 잡아먹고 도적들이 많이 일어났다. 신하가 창고를 열어 구제할 것을 청하되 왕이 듣지 않으니 한산인漢山人****으로 고구려에 도망한 자가 2000명이나 되었다.

■ 무령왕 6년 봄에 큰 역병이 돌았다. 3월부터 5월까지 비가 내리지 않아

---

* 도봉산, 북한산 일대를 가리킨다고 본다.
** 위치를 알 수 없다.
*** 수도의 4부. 본래 5부 가운데 왕실이 있는 중부를 제외한 여타 부를 가리킨다.
**** 한산은 지금의 서울을 가리키는데, 동성왕 대에 백제는 한강 유역을 상실한 시기이기 때문에 한산인의 실체를 둘러싸고 논란이 많다.

서 내와 못이 고갈되었다. 백성들이 굶주리므로 창고를 열어 진구했다.

■ 법왕 2년, 크게 가뭄이 들어 왕이 칠악사(漆岳寺)*에 가서 기우제를 지냈다.

■ 무왕 31년 2월, 사비성의 궁을 중수하였으나 여름에 가뭄이 들자 공사를 멈추었다.

삼국의 황정 비교**

이상의 기록으로 삼국의 '황정荒政'을 비교, 종합해보면 대동소이하다. 다만 구재의 횟수로 보면 고구려와 백제보다 신라가 단연코 몇 배나 많으니, 이는 신라의 기록이 삼국 중에 비교적 완전하게 전해졌다는 것이지 결코 고구려와 백제 양국의 황정 행사가 신라에 미치지 못하여 그러한 것은 아니다.

그러나 천혜의 지리적 조건과 국가의 인문 상태를 고려해보면, 고구려와 백제인은 원래 동일한 부여족으로서 북방의 추운 지역에서 일어난 만큼 수렵과 전투, 말을 타고 다니며 노략질하는 것이 주요 생활양식이었다. 그러므로 농사일에 힘쓰고 백성을 기르는 일에 대한 정책, 즉 경제 정책의 전통은 신라가 고구려와 백제 양국에 비하여 훨씬 온건하고 일보 전진했던 것이니, 따라서 비황 · 구흉의 용의用意 및 그 운용이 일층 빈틈이 없고 정성을 다했던(周到曲盡) 것을 또한 짐작할 수

---

* 정확한 위치는 알 수 없지만 대체로 부여 근처에 위치한 것으로 추정된다.
** 본래 제목은 없지만 내용 구분상 임의로 달았다.

있다.

    삼국의 황정을 보면, 곡식 창고를 준비하고 창고를 열어 진급하는 일과 홀아비·과부·고아·자식 없는 늙은이·빈궁한 자를 위문하고, 조조租調 감면과 형을 가볍게 하거나 죄수를 풀어주고, 종자나 그 식량을 배급하며, 왕자王者가 친히 돌아보면서 위문하거나 스스로 허물을 꾸짖고 음식 가짓수를 줄이며, 정치와 형벌 시행의 잘잘못을 왕이 친히 묻고, 정부의 사곡賜穀, 이곡移穀, 농사 권장, 역농力農, 방재防災 등은 모두 삼국에 공통된 행사였을 것이다. 조묘에서 기도하거나 행사한 뒤 왕자王者가 위문하는 일은 신라, 고구려, 백제 삼국에서 자주 있던 행사인 듯하나, 불교 풍속에 따라 불사佛寺에서 기도하는 일은 고구려와 백제 양국 말기에 자주 있던 행사인 듯하다.

    그리고 고구려 고국천왕 때의 진대항식과 신라 문무왕 때 곡식을 빌려주고 돌려받는 일(貸穀還償)이나 그 이자와 원금을 모두 면제하는 법(子母俱免法)은 황정의 진보적 방법이며, 백제 다루왕 때 사사로이 술 빚는 일을 금지한 것이나 기루왕 때 수재로 손상된 밭을 관비官費로 보수한 것, 전지왕 때 동북 2부 인민 중 15세 이상을 징발하여 사구성을 쌓게 하여 일종의 토목공사를 통한 구제 정책을 취한 것은 각기 황정상 특기하지 않으면 안 될 것이다.

    삼국 정립 시대에는 국경을 넓히고 패권을 다투는 일과 보국강병保國強兵이 주된 과제였으니 병농합체兵農合體의 사회적 기구를 강화하는 것 또한 절대적으로 필요했다. 그리하여 농사상 비황·구흉은 단순한 경제 정책이 아니라, 실로 국방상 중요한 정책이었다. 병사와 말을 강성케 하기 위해서는 군량을 축적지 않을 수 없고, 군량을 축적하기 위해서는 농업 생산을 풍부하게 하지 않을 수 없으며, 농업 생산을 풍부하게 하기 위해서는 농민을 보호하지 않을 수 없고, 농민 보호와 함께 군정軍丁 양성의 필요는 인구 증식의 필요를 또한 통감하지 않을 수 없게 하니, 이에 각국의 군주와 정부는 다투어가며 황정을 힘써 행하여 대내적으로는 국방을 떠받치고 민의를 거두어 취하였으며, 대외적으로는 인정仁政을 선양하여 유망민을 거두어들였다. 삼국시대의 황정은 실로 명실상부하였던 것이다.

더구나 삼국시대에는 원시공동체의 유속遺俗이 사회의 이면에 상당히 남아 있고, 사회 계급의 군국적 통제는 그 운용이 아직 단순하므로 황정의 행위 또한 간편하여 후세에 자주 볼 수 있는 부수적 폐해가 당시에는 오히려 적었던 것이다.

그러나 신라 통일 후 승평의 세기가 진행하매, 영주급의 특권은 너무나 고정화되고 장원적莊園的 사회 조직은 훨씬 복잡해지며, 문념무희文恬武嬉〔문관은 안일安逸하게 지내고 무관은 놀이를 즐김〕에 반행伴行(=同伴)한 겸병억탈의 폐습은 나날이 횡행하니, 이른바 '토지의 경계가 바르지 않고 부세를 거두어들이는 데 일정한 법이 없는(境界不正 賦斂無藝)'• 말세적 현상이 사회 전면에 나타나게 되었다. 그리하여 사회의 생존을 절대적으로 위협하는 각종 재해가 하등의 인위적 제약이나 사회적 반항을 받지 않아서 자연적 포악을 여지없이 발휘한 동시에, 이재군罹災群, 즉 농민층은 모두 다시 새로운 치자급治者級의 구제를 요구하게 되었다. 이것이 신라의 쇠란과 고려의 흥융에 대한 하나의

• 《고려사》〈식화지〉1.

중요 원인이었다.

고려의 구제 제도

구제 제도

정인지鄭麟趾의 《고려사》에 따르면, 진휼을 5개조로 분류하여 구제=진휼 행사를 시기에 따라 거론(歷擧) 했다.*

① 은혜를 베풀어 세금을 면제하는 제도(恩免之制)
② 재해에 대해 세금을 면제하는 제도(災免之制)
③ 환과고독에게 진대하는 제도(鰥寡孤獨賑貸之制)
④ 수재, 한재, 전염병에 대해 진대하는 제도(水旱疫癘賑貸之制)
⑤ 납속하여 관직을 얻는 제도(納粟補官之制)

이제 필자가 맡은 바 범위로 말하면〔구제 제도의 범위라는 뜻〕'은혜를 베풀어 세금을 면제하는 제도'와 '재해에 대해 세금을 면제하는 제도' 외의 3개조는 본제本題와 직접 관계되지 않는 것이지만, 넓은 의미에서 보면 그 조목들 또한 재해 구제에 관련되지 않을 수 없는 것이다.

---

* 이 분류는 《원사》를 모방한 것이다. 다만 《원사》에는 '납속보관지제納粟補官之制'가 아니라 '경사진조지제京師賑糶之制'가 실려 있다(《원사》〈식화지〉4 '진휼').

◉ 은혜를 베풀어 세금을 면제하는 제도(恩免之制)

'은면恩免'은 은혜로서 조용조租庸調 등 공부公賦와 포흠의 죄벌 등 형을 면제하는 것이다. 이는 개국, 즉위, 재제齋祭, 순행, 불사, 경사, 난후, 역후役後 등 적당한 기회에 인민에게 베풀어주는 은전이니, 삼국시대에도 가끔 있었던 행사다. 고려의 제1차 실례를 들면 이러하다.

고려 태조 원년 8월에 고하여 가로되,

> 내가 듣건대, 옛날 중국 한나라 고조가 항우와 전쟁을 끝낸 뒤에 산택山澤에서 보전한 백성들을 각각 자기 마을로 돌려보내고 부세 징수의 양을 감해주고 없어진 호구들을 자세히 조사하게 했다. 또 중국 주나라 무왕은 은나라의 학정을 일삼던 주紂를 쫓아내고 곧 거교鉅橋*의 곡식을 내고 녹대鹿臺**의 재물을 흩어서 빈민들에게 주었는데, 이러한 일을 한 것은 대개 어지러운 정치가 오래 계속되어 백성들이 생활을 즐기지 못하고 있었기 때문이다.
>
> 나는 덕이 적은 사람으로서 나라의 왕위를 받았으니, 이는 비록 하늘이 도와준 위엄으로 된 것이지만, 또한 백성이 추대한 힘을 입은 것이다. 그러므로 나는 온 백성들로 하여금 자기 생업에 안착하고 사람마다 부유해지기를 바란다. 그러나 먼저 임금(前主-궁예)의 퇴패한 정사의 뒤를 이었으니 진실로 조세를 면제하고 농사와 누에치기를 장려하지 않으면 무엇으로써 집집마다 넉넉하고 사람마다 풍족하리오? 백성들에게 3년

---

* 거교는 은나라 주왕의 창고로, 하북성河北省 유주현由周縣에 있었다고 한다.
** 은나라 주왕이 재보를 저장했던 창고로, 하남성 기현치淇縣治에 있었다고 한다.

간 조세와 부역을 면제하고, 사방에 떠돌아다니는 자들을 모두 고향으로 돌아가게 하며, 이와 동시에 대사령을 내려 이들에게 휴식을 주도록 할 것이다.

朕聞, 昔漢高祖, 收項氏之亂後, 令民保山澤者, 各歸田里, 減征賦之數, 審戶口之虛耗, 又周武王黜殷紂之虐, 乃發鉅橋之粟, 散鹿臺之財以給貧民者, 盖爲亂政日久, 人不樂其生故也, 朕深慚寡德, 獲統丕基, 雖資天助之威, 亦賴民推之力, 冀使黎元安堵, 比屋可封, 然承, 前王之圮運, 苟不觸租稅勸農桑, 何以臻家給人足乎, 其免民三年助役, 流離四方者, 令歸田里, 仍大赦 與之休息.*

그 후 광종 26년에 경종이 즉위하여 밀린 부채를 견감하고 조租와 공물(調)을 줄였다. 경종 6년에 성종이 즉위하여 3년 역役을 면제하고 조세를 반감하였으며, 13년 4월에 대묘大廟**에 제사를 지낸 다음 크게 사면하고 부모 없는 사람과 자식 없는 사람을 구휼하고 나이 많은 사람(耆舊)에게 상을 주고 부채와 포흠을 면제하였으며, 16년 8월에 동경(경주)에 행차하였는데, 지나간 주현州縣의 금년 전조田租를 반감했다. 현종 21년 6월에 나성羅城을 쌓고 중광사重光寺를 영축하였는데,*** 역을 진 사람들에게 금년 조포調布를 감해주고 여러 군현의 포흠을 면제

---

* 《고려사》 권34 〈식화지〉3 '진휼'. 이하 여기에 실린 '은면지제恩免之制'의 내용을 요약했다.
** 종묘를 가리킨다. 종묘는 역대 왕과 왕후를 제사하기 위해 지은 사당이다.
*** 원문에는 "나성영羅城營 중광사重光寺를 건축하고"라고 기재하였는데, 《고려사》 원문의 "築羅城 營重光寺"를 잘못 해석한 셈이다. 나성은 이중으로 된 성곽의 바깥 성벽이며, 중광사는 현종대에 창건된 개경 부근의 화엄종 계통의 사찰이다.

했다.* 정종靖宗 5년 11월, 팔관회八關會를 행한 다음에 왕이 명령하기를 "팔관회는 비록 이전 규정이지만 이미 성대한 의례를 행했으니 마땅히 덕음德音을 뿌릴 것이다. 공적인 도형과 사적인 장형(公徒私杖)** 이하와 죄를 벗어나기 위해 속전贖錢을 징수해야 할 자는 모두 면제하라"라고 했다. 그 외 역대 군왕이 이에 유사한 은전을 줄곧 행하여 마지막 왕인 공양왕 2년에 국가의 울타리란 이유로 의주義州, 니성泥城, 강계江界에 요역徭役을 면제하기까지에 이르렀다.

⊙ 재해에 대해 세금을 면제하는 제도(災免之制)

재면지제災免之制는 문자 그대로 이재민에게 조세조역租稅調役과 범죄를 전적으로 혹은 개별적으로 면제해주는 것이니, 《고려사》의 본조本條 실례를 열거하면 다음과 같다.

■ 성종 7년(988) 12월에 재면법災免法을 정하되 수재, 한재, 충해蟲害, 상해霜害의 자연재해에 전답이 피해 입은 정도를 계산하여 면제의 비율을 정했다. 즉 전답 손실 4분〔40퍼센트〕이상은 면조免租, 전답 손실 6분 이상은 면조·포布, 전답 손실 7분 이상은 면조·포·역役이다. 10년 10월, 서도西都〔서경, 곧 평양을 말함〕에 행행하여 전염병으로 실농失農한 자에게 조세를 면제했다.

■ 목종 9년(1006) 2월, 근년에 가을 곡식이 익지 않아서 백성들이 식량

---

* 정확하게는 여러 군현의 포흠을 무진년(현종 19, 1028) 이전에 한해 면제했다.
** 공적인 죄로서 도형의 처벌을 받는 죄와 사적인 죄로서 장형의 처벌을 받는 죄. 당시 형벌은 태笞, 장杖, 도徒, 유流, 사死 5단계로 이루어졌다.

난을 겪고 있으니 지금부터 5년 전 이래 공부貢賦로서 미납된 것들은 모두 이를 면제하게 할 것이며, 식량이 떨어지고 종곡이 없는 자에게는 창고를 열어서 진급하도록 했다. 6월 무술일, 천성전天成殿*에 벼락이 떨어졌으므로 대사령을 발표하고 이와 동시에 그해의 세금으로 내는 베(稅布)의 절반을 면제하였고, 또 갑진년(목종 7) 이전에 포흠된 조세를 면제했다.

■ 현종 20년 7월, 삭방도朔方道**의 등주登州[지금의 함경남도 안변], 명주溟州[지금의 강원도 강릉], 관할 내 19개 현***이 모두 오랑캐(蕃賊)****의 침략을 받았으므로 조세를 특별히 면제했다.

■ 정종 2년, 밀성密城[지금의 경상남도 밀양] 관내에 있는 뇌산부곡牢山部曲 등 세 곳에 지난해 큰물이 나서 농작물이 떠내려가 손실되었으므로 담당관청(有司)*****의 주청에 따라 1년 조세를 면제했다. 12월, 금주金州[지금의 경상남도 김해] 관내의 주와 현에 갑자기 큰물이 나서 담당 관청이 금년 조세를 면제하고 사신을 보내 위무를 베풀도록 주청하여 행했다.

■ 문종 4년, 서북면 홍화도興化道[현재의 황해도 북부와 평안도 지역] 감창

---

* 고려 궁궐 건물 가운데 하나. 본래 천복전天福殿을 천성전天成殿으로 바꾸었다.
** 고려시대(995)에 제정한 행정구역 10도의 하나. 지금의 강원도 북부 지방으로 춘주, 화주, 명주 등 7주 62현을 관할했다.
*** 본래 《고려사》에는 삼척三陟, 상음霜陰, 학포鶴浦, 파천派川, 흡곡歙谷, 금양金壤, 벽산碧山, 임도臨道, 운암雲岩, 환가豢猳, 고성高城, 안창安昌, 열산列山, 간성杆城, 익령翼嶺, 동산洞山, 연곡連谷, 우계羽溪 등 19현의 이름이 모두 실려 있다.
**** 여기서 오랑캐는 거란을 가리킨다.
***** 《고려사》에는 삼사三司라고 기재되어 있다. 삼사는 고려시대에 재정을 맡은 관청으로, 호부가 파악한 토지와 호구를 바탕으로 부세 운영을 담당했다.

사監倉使〔동북면과 서북면 양계 지역에 파견되어 조세, 군자軍資를 전담하고 권농사勸農使의 역할을 했던 관원〕의 주청에 따라 그해 조세를 이미 납부한 자들에게 다소 덜어주었다.*

5년 11월, 숙주肅州〔지금의 평안남도 숙천〕의 통해현通海縣, 영청현永淸縣, 안융진安戎鎭에서 봄과 여름에는 날씨가 가물었고 이른 가을에는 서리와 우박이 내려서 운중도雲中道** 감창사의 주청에 따라 금년 조세를 면제했다.

6년 4월, 쌍부雙阜〔지금의 경기도 수원 서쪽〕, 만경萬頃, 옥구沃溝, 이성利城〔지금의 전라북도 전주 서쪽〕의 네 현이 지난해 오랫동안 가물어서 곡식이 잘되지 못하여 담당 관청이 조세를 견감할 것을 아뢰었다.

8년 11월, 문주文州〔지금의 강원도 문천시〕, 용주湧州〔지금의 원산시〕 두 고을이 몇 해 동안 계속 큰물이 나서 동북로東北路 병마사의 주청에 따라 부역을 감면했다.

15년 정월, 용천역龍泉驛〔황해도 서흥〕이 지난번 수재로 관청과 백성의 집이 모두 떠내려가 옮기고 새로 짓는 부역에 민력을 모두 썼는데, 패서도浿西道〔고려시대 행정구역 10도의 하나. 서경을 중심으로 한 부근 일대〕 무문사撫問使〔각 도에 파견하여 수령의 실적과 백성의 실태를 살피고 조사하는 관원〕 한정익韓丁翊의 주청에 따라 금년과 명년, 두 해의 조세를 감했다. 2

---

* 본래 《고려사》 원문에는 "지나간 무자년에 도내 창주에 황충의 재해가 있었으니 그해에 이미 조세를 납부한 자들에게는 피해의 다소를 참작하여 조세를 덜어주자"라고 기재되어 있다. 감창사는 고려시대에 동북면과 서북면에 둔 외직外職의 하나로, 창고를 관리, 조사, 감독하는 일을 했다.

** 고려 양계의 5감창사도監倉使道의 하나. 역참도이기도 하다. 평양에서 동북부의 순천, 개천, 운산을 지나 창성에 이르는 길과, 회천에서 맹산을 거쳐 원산까지 이르는 길로서 모두 43개의 역참을 두었다.

월, 담당 관청의 주청으로 밀성密城 관내 창녕昌寧 등 아홉 군郡의 지난 해 수재 손실에 대하여 금년 여름세(夏稅)를 감했다.

30년 4월, 황주목黃州牧 관내 봉주鳳州에 근래 수재로 공해와 민가들을 옮기고 새로 짓는 부역이 있었는데, 담당 관청의 주청에 따라 금년 조세와 요역을 면제했다.

■ 선종 7년 6월, 왕이 명령을 내려 이르기를 "금년 이래 재난, 변괴가 자주 일어나고 비가 제때 내리지 않아 짐이 심히 두려워하노니, 중앙과 지방에서 공적인 도형徒刑과 사적인 장형杖刑 이하의 가벼운 죄를 범한 자들을 모두 방면하라. 이민吏民*이 정묘(4년 전)**에 신흥창新興倉***의 곡미穀米를 꾸어가고 아직 환납하지 못한 것은 모두 면제하라"라고 했다.

그 후 숙종, 명종, 고종, 충렬왕, 공민왕, 우왕, 공양왕에 이르기까지 각종 재면의 은전이 끊이지 않았다. 그중 우왕 7년 3월에 전라도 안렴사按廉使가 보고하되, 아사자가 많아서 수졸戍卒〔변방에서 국경을 지키는 병사)과 인민이 반수 이상 도산했다 하거늘, 최영崔瑩의 논의를 좇아 바닷가 주군州郡의 3년 조세를 면제했다.

⊙ 환과고독에게 진대하는 제도(鰥寡孤獨賑貸之制)

---

* 아전과 백성. 원문에는 시민市民으로 잘못 기재했다.
** 1087년을 가리킨다.
*** 구휼 목적으로 설치한 창고. 본래는 운흥창雲興倉이라고 했다.

홀아비, 과부, 고아, 자식 없는 늙은이는 궁민窮民으로 호소할 데가 없는 자이니 왕자王者는 인정仁政으로 먼저 베풀 것*이라 하여 종래의 유교 정론가는 고조高調하여왔으니, 삼국시대부터 신근히〔信謹, 믿음직하며 조심성이 많다는 뜻〕 구휼해왔으며, 고려조에 이르러 역대 군주들은 특별히 이에 유의했다. 이제 그 제도의 진행을 역술하면 다음과 같다.

- 성종 10년 7월, 왕의 명령으로 부모와 친척이 없는 아이들과 병이 있는 자에게는 관에서 곡식을 주어 구휼했다. 10월, 왕이 서도西都(서경)로 가서 고치기 어려운 자와 병신이 된 자들에게 약을 주고 또 지나는 주와 군의 남녀 80세 이상 노인을 특별히 진휼했다.
13년 3월, 담당 관청에 명령하기를 "어려서 고아가 되어 양육할 자가 없는 아이들은 10세까지 관이 식량을 주고 10세 이상 된 자에게는 바라는 대로 거주하는 것을 허락할 것이다"라고 했다.

- 현종 2년 12월, 홀아비, 과부, 고아, 자식 없는 늙은이에게 옷과 양식을 진급賑給했다.

- 충렬왕 34년 11월, 왕이 명령 내리기를 "70세 이상으로 아무도 보호해줄 자가 없는 사람의 자손이 죄를 지어 유배를 가면 마땅히 죄의 경중을 따져보아 유배지를 옮기든가 면제하여 그를 봉양할 수 있게 하고, 80세 이상 고치기 어렵거나 병신이 되어 제 힘으로 살아나갈 수 없는 자들

---

* 《맹자》에서 인용한 표현. "老而無妻曰鰥, 老而無夫曰寡, 老而無子曰獨, 幼而無父曰孤. 此四者, 天下之窮民而無告者. 文王發政施仁, 必先斯四者."《맹자》〈양혜왕〉하)

에게는 가깝거나 먼 친척임을 막론하고 당사자가 희망하는 한 명으로 하여금 부역에서 면제시켜 그를 봉양하도록 하고, 어떠한 친척도 그를 봉양할 자가 없으면 동서대비원*에 수용하여 식량을 지급하라"라고 했다.

■ 충선왕 5년 8월, 왕이 명령 내리기를 "내가 백성들의 식량이 부족한 것을 가엾이 여겨 중앙과 지방에 창고들을 설치하여 널리 비축했더니 근래 수해, 한재에 백성들이 살기 어려워하므로 민부고民部庫**를 열어 궁핍을 진휼하였으되, 오히려 외로운 자들 모두가 그 혜택을 받지 못하였을까 염려되니 담당 관청은 유비창有備倉***을 내어 더 진휼하라"라고 했다.

■ 충숙왕 12년 10월, 왕이 명령하여 "90세 이상은 식량을 관에서 지급하고 70세 이상은 시중꾼(侍丁) 한 사람을 지급한 동시에 일신을 복復(조용조 등의 면제)하고 홀아비, 과부, 고아, 자손 없는 늙은이, 중환자, 불구자에게는 그 지역의 관사官司가 진휼하라"라고 했다.

■ 공민왕 원년 2월, 왕이 전지傳旨****하여 홀아비, 과부, 고아, 자손 없는 늙은이, 중환자, 불구자를 관사가 진휼하게 했다.

5년 6월, 왕이 명령하여 적신賊臣 집안이 소유한 미곡을 값을 낮추어 팔아 홀아비, 과부, 고아, 자손 없는 늙은이, 기타 자기 힘으로 살아갈 수 없는 자들을 구하라고 했다.

12년 5월, 왕이 명령을 내려 홀아비, 과부, 고아, 자손 없는 노인, 불구

---

* 고려시대에 나라에서 운영한 의료 구제 기관으로 개경의 동·서 두 곳에 설치했다.
** 충선왕 복위 후 호부를 민부라고 고쳐 재정을 총괄하였는데, 민부고는 여기에 속한 창고를 말한다.
*** 고려시대에 민간에서 구제를 위해 연호미煙戶米를 거두는 일을 맡았던 관청.
**** 임금의 뜻을 해당 관청이나 관리에게 전하여 알리는 일. 원문에는 유지有旨라고 기재되어 있는데, 이는 죄인을 특별히 용서하기 위해 내렸던 명령이어서 전지라고 바꾼 듯하다.

자를 그 지역의 관사가 힘써 진휼하라고 했다.

◉ **수재, 한재, 전염병에 대해 진대하는 제도**(水旱疫癘賑貸之制)

앞에서 말한 대로 '재해에 대해 세금을 면제하는 제도'는 이재罹災 궁민에게 조세, 형역刑役 등을 면제 혹은 감소케 하는 것인데, '수해, 한재, 전염병에 대하여 진대하는 제도'는 이재 궁민에게 쌀, 소금, 전饘〔진하게 쑨 죽〕, 죽, 무명, 베, 의약, 주택 등을 급여하는 것이니, 전자는 소극적인 반면에 후자는 적극적이다. 황정의 중점은 전자보다 후자에 있는 것이다. 고려조 역대 진휼 5조 중 횟수의 빈도와 범위의 광범위함은 본조의 행사가 제일이 될 것이다. 수재, 한재, 전염병은 재해 중에서도 가장 광범위한 것이므로 이에 대한 진대는 국가 재정상 중대한 처치인 동시에 왕자王者의 인정仁政을 긴급히 펴는 행사다. 이제 그 몇몇 실례를 뽑으면 다음과 같다.

■ 현종 3년 5월, 왕이 명령을 내려 이르기를 "서경에 지난해 수해와 한재가 들어서 곡식 값이 뛰어올라 백성들이 곤핍하니 짐은 밤낮 불쌍히 생각한다. 소관 관사는 창고를 열어 진휼하라"라고 했다.

7년 9월, 삼사三司의 주청에 따라 관내關內* 창고의 곡식을 운전하여 강남江南** 기근을 구제했다.

8년 7월, 경성(개경)에서 빈민을 진구했다.

---

* 관내도를 가리키는데, 이는 10도제의 하나로 개경 부근에 설치했다.
** 강남도를 가리키는데, 이는 10도제의 하나로 전주, 영주瀛州(지금의 고부), 순주淳州(지금의 순창), 마주馬州(지금의 익산)를 포괄하는 지역이다.

9년 정월, 홍화진興化鎭*에서는 전쟁과 흉작으로 솜, 베, 소금, 장 등을 공급했다.

■ 정종 2년 11월, 동대비원을 보수하고 기아와 추위에 아무 데도 갈 곳이 없는 병든 사람들을 거처하게 하고 옷과 음식을 급여했다.

5년 3월, 의창을 열어 동남 해변의 여러 도 및 주와 현의 기근을 진구賑救하니 의창의 활동이 이로부터 성행했다.

■ 문종 3년 6월, 질병과 굶주린 자를 동서대비원에 모으고 구휼했다.

4년 4월, 중서성中書省의 주청에 따라 사창공해司倉公廨**의 곡식을 열어 관내서도關內西道***의 주와 현의 기근을 구한 동시에 농사일을 도왔다.

6년 3월, 경성[개성을 가리킴]의 기근으로 굶주리는 3만여 명에게 구제를 위해 쌀, 조, 소금, 메주를 지급했다.

18년 3월, 하교하여 3월에서 5월까지 개국사開國寺*** 남쪽에서 지난해 수해를 입은 궁민을 시식施食하게 했다. 4월, 또 하교하여 5월 15일부터 7월 15일까지 임진현 보통원普通院***에서 죽과 소채로 지나는 사람을 접대했다.

25년 12월, 현덕궁玄德宮[고려시대 궁원의 하나]의 쌀 500석을 발하

---

* 고려시대에 평북 의주군 남쪽에 있던 진鎭.
** 지방 관아의 창고. 원문에는 사창과 공해를 별도로 보았으나, 묶어서 보는 것이 타당하다.
*** 관내도가 분화된 지역의 하나인 듯하다.
*** 개경 탄현문 밖에 있었던 절. 태조가 후삼국을 통일한 후 나라의 번영과 백성의 평안을 기원하며 창건한 국찰國刹이다.
*** 불교의 자비 정신에 입각해 백성에게 음식과 의약품을 나누어주었던 고려시대의 기관. 당시 동·서 보통원이 있었다고 추측한다.

여 서보통원西普通院
에서 궁민을 시식하게
했다.

고려의 황금시대인 문
종의 성세에 역사에 나타
난 크고 작은 진휼 구제는
20회에 가까웠다.

개국사 석등(현재 고려박물관 소재)

그 후에도 각종 진휼
이 끊이지 않고 계속되었거니와, 몇 가지를 예로 들면 다음과 같다. 숙
종 6년 4월에는 제위보濟危寶*로 하여금 보리가 익기까지를 한도로 하
여 빈민을 진휼하고, 7년 4월부터 입추까지 기민에게 먹을 것을 나누
어주었다. 예종 원년 3월에는 동서제위도감東西濟危都監**의 가난하고
병든 자들의 구제가 있었고, 5월에는 구제도감救濟都監***을 설치하여
도성 내(京內) 전염병에 걸린 자들에게 치료를 베풀고 또 시신을 거두
어 묻어서 드러나지 않게 했다. 인종 5년 3월에는 제위포濟危鋪, 대비
원을 명하여 축적을 많이 하여 재민을 구하게 했다. 명종 18년에는 경
내 동서대비원의 예를 본받아 관동 여러 성城의 수해 재민을 먹을 것
을 마련하여 구제하게 하고, 사람을 얼마나 많이 살렸는가를 따져 포

---

* 광종 때 설치한 빈민 구제와 질병 치료 기관. 제위포濟危鋪라고도 하였다. 보寶는 '전곡을 시납하여 그 본전은 보존하고 이식을 받아 영원히 이롭게 하는 것'이었다고 한다.
** 고려시대에 있었던 임시 구빈 기관인 듯하다.
*** 빈민 구제를 위해 설치하였는데, 그 뒤에는 진제도감, 진제색이라는 이름으로 설치했다.

폄포褒貶을 했다.

고종 13년 3월에는 전라도가 몹시 굶주렸으므로 하교하여 저축이 있는 주와 군으로 하여금 없는 주와 군에 창고를 열어 진급賑給하되, 풍년이 들기를 기다려 상환하게 하였다. 또 갑오년(3년 전) 후 삼세三稅, 상요常徭,* 잡공雜貢을 모두 정지하고 감액(停減)하여 풍년을 기다려 수납하게 했다. 45년 4월에는 구급도감救急都監이 기근을 구실로 최의崔竩**의 창고 곡식을 내어서 태자부太子府〔태자를 보좌하는 부서〕에 2000곡斛, 제왕諸王〔봉작제를 실시할 때 모든 작을 총칭하는 용어〕 재추宰樞***에게 각 60곡, 재추로서 치사致仕한〔벼슬을 사양하고 물러남〕 자와 고위 관리 3품 이상에게 각 30곡, 3품으로 치사한 자와 문무 4품에게 각 20곡, 5품과 6품에게 각 10곡, 9품 이상에게 7곡씩 주고 또 양반 과부나 성내 거민居民, 군사軍士, 승도僧徒, 여러 역인役人에게 차등 있게 주었다. 46년 정월에는 성내 기근이 심하여 사람들이 서로 잡아먹었으므로 이들을 승천부昇天府〔지금의 개성 개풍군 지역〕로 옮겨서 식량과 토지를 배급하고 또 창고를 열어 재추과부宰樞寡婦,§** 전직 6품 이하 관원, 제위군諸衛軍, 방리인坊里人에게 분급했다.

고려는 말엽 이후 원元과의 관계가 밀접해짐에 따라 구재 행정이 국제적 융통에까지 이르렀으니, 이는 물론 신흥 대국인 원의 이방異邦

---

* 원문에는 상요常掃로 잘못 기재되어 있다. 상요는 공물 생산에 드는 노동력인 듯하다.
** 고려시대 최씨 집권기의 마지막 인물. 심복이었던 김준 등의 정변으로 살해되고 최씨 집권기가 끝났다.
*** 고려시대에 중서문하성과 상서성의 재신 및 추밀원의 추신을 가리키는 말로, 국가의 중대사를 의논하여 처리했다.
§** 원문에는 재추, 과부로 구분하였으나 재추과부로 봐야 할 것이다.

회유책의 일단이거니와 동시에 고려조의 국교 이용술이 또한 재래齎來한 것이다. 그러나 고종 때 몽골군이 날뛰며 약탈함이 지나쳐 기록을 뛰어넘을 정도여서 다시 거론치 않았거니와, 원종의 사원事元* 이후로 병졸, 마축馬畜, 군량, 전함, 동철銅鐵, 물화 등의 대량 토색과 조공朝貢, 정수征戍〔출정하여 국경을 수비함〕, 왕래往來, 국신國贐〔떠나는 사람에게 선물을 줌〕, 증유贈遺〔물건 따위를 선물로 줌〕 등 크고 작은 폐단이 끊이지 않고 계속되었으니, 농민은 공급에 여력이 없고 정부는 재해를 돌볼 겨를이 없어서 고려가 원을 섬긴 화禍는 실로 언어도단이었다. 원조元朝가 고려 기근에 몇 차례 공급한 것은 단순한 국제적 은의에서 나온 것이 아니고, 도리어 '크게 빼앗는 일을 지속하려고 조금 주는 일'에 지나지 않는 것이었다.

충렬왕 6년 4월, 군량 2만 석을 내어서 전라도 기민을 진휼했으나 오히려 부족하므로 장군 김윤부金允富를 원元(세조世祖 쿠빌라이忽必烈** 때)에 보내 중서성에 조곡糶穀을 청하여 병량 2만 석을 빌려 경상, 전라 양도 기민을 진구賑救하고 가을에 상환했다.

17년*** 6월에 원이 해도만호海道萬戶 황흥黃興, 장유張侑, 천호千戶 은실殷實, 당세웅唐世雄 등으로 하여금 47척에 강남미〔강남은 양자강 이남을 가리킴〕 10만 석을 싣고 와서 진구하거늘, 고려 정부는 접수하여 7품 이하에게 나누어주었는데 7품은 7석, 8품은 6석, 9품은 5석, 권무權務와 대정隊正은 4석, 방리坊里의 대호大戶는 3석, 중호中戶는 2석, 소호小戶는

---

* 원을 섬김. 원종 즉위년(1259)에 고려는 몽골에 항복했다.
** 몽골의 초대 황제. 칭기즈칸의 손자.
*** 1291년을 말한다.

1석씩 배급했다. 원의 금번 사미賜米는 고려 세자(뒤에 충선왕)의 주청에 따른 것이며, 또 원의 본의는 빈민 진급賑給에 있었는데 쌀을 나눈 실상은 빈민보다 궁인宮人과 부자에게 베풀어주는 것에 그쳤다.*

다음 해 윤6월에 원이 또 고려의 기근을 구제하기 위하여 강남 조운만호漕運萬戶 서흥상徐興祥** 등으로 하여금 또 10만 석을 배로 실어 나르다가 바닷바람에 떠내려가 잃어버리고 뭍으로 나른 부분은 겨우 4200석이라 왕이 여러 영부領府***와 5부五部〔개성부 5부를 가리키며, 5부에는 35방 344리가 속하였고, 부에는 사사와 부사副使를 두어서 행정을 담당하게 했다.〕에 매호每戶 1석씩 반급頒給했다.**** 21년 4월에는 원(성종***** 때)의 요양성遼陽省〔지금의 만주, 요동 지역 등을 관할〕이 원제元帝의 명을 받아 강남에서 운반한 쌀 3000석을 가지고 쌍성雙城〔현재의 함경도 영흥 지역〕에 내진來賑했다.

고려는 충렬왕, 충선왕 이후 원나라 왕실의 제압과 정강政綱의 퇴패, 왜구의 침략, 재해의 빈발이 다투어가며 발생해 국조國祚를 패망의 길로 인도했음에도 '수재, 한재, 전염병에 대해 진대하는 제도'는

---

* 원이 보낸 강남미 10만 석은 본래 전에 원에 반기를 든 카단(哈丹)이 이끄는 몽골군이 침입하여 피해를 입었고, 이에 세자였던 충선왕이 호소하여 구휼을 받았다. 그러나 단순한 구휼이 아니라 일본 원정 비용, 기근 발생 시 이동 등 다양한 용도를 목적으로 보냈으리라고 본다(이정호,《쌀은 우리에게 무엇이었나》'제2장 고려시대 쌀의 위상과 생산소비 문화', 두산동아, 2009, 131쪽).
** 원문에는 서여상徐與祥으로 잘못 기재되어 있다.
*** 중앙군의 6위에 속하는 영을 가리키는 것으로 보인다. 원문에는 반頒으로 잘못 기재되어 있다.
**** 《고려사》권30, 충렬왕 18년 윤6월 신묘.《고려사》권80,〈식화〉3, '수한역려진대지제', 충렬왕 18년 윤6월 신묘.
***** 원의 2대 황제. 쿠빌라이를 계승했다.

오히려 선왕先王이 남긴 법식을 버리지 않고 말기 우왕 대까지 계속되었다.

충선왕은 일찍이 흉년을 당하여 도토리 열매를 친히 맛보았고, 즉위 3년에는 개성부 동서대비원 녹사錄事로 하여금 유비창의 쌀을 받아 질병에 걸린 자를 요양하게 했다. 충숙왕 5년에는 하교하여 여러 도의 굶주린 백성이 먹을 것이 없음을 하소연하면 안찰사按察使와 염장관鹽場官*이 창고를 열어 진급하되, 가을에 본 곡을 상환하도록 하였으며, 또 혜민국, 제위보, 동서대비원 등 구제 기관이 허름해지면 수리하여 병을 치료하는 일에 노력하도록 했다. 충목왕 대에는 서해 양광 2도가 굶주리자 왕이 음식 가짓수를 줄여 구제 비용에 충용했고, 진제도감을 설치하여 유비창미 500석으로 죽을 쑤어 굶주린 사람에게 먹도록 하고, 전라도 창고의 쌀 1만 2000석을 내어서 진구賑救하였으며, 또 재추의 의논을 좇아 태사부太史府 창고의 쌀과 콩과 의성창義成倉, 덕천창德泉倉**의 쌀과 내부상만고內府常滿庫***의 베를 진제색賑濟色에 내려주었으며, 전라도미를 경도에 실어와 5부五府 빈민에게 값을 낮추어 베와 바꾸도록 했다. 이상은 충선왕, 충숙왕,⁂*** 충목왕 삼조三朝의 황정상 드러난 몇 가지 사례다.

공민왕 3년에는 유비창의 곡식을 시민에게 값을 낮추어 팔았고,

---

* 염장관은 수령이 겸하기도 했다.
** 모두 충선왕 복위 후 재정관서를 개편하면서 설치한 왕실 재정관서의 하나.
*** 충선왕 대 대부大府(이후 내부시로 고침)의 하고下庫를 고친 것. 상고上庫는 장흥고長興庫라고 했다.
⁂*** 원문에는 충혜왕이라고 기재하였으나 언급된 사례에 따라 충숙왕으로 고쳤다.

진제색을 연복사演福寺*에 두어 유비창의 쌀로 죽을 쑤어 기민에게 먹였으며, 9년 6월에는 경성京城(개경)에 기근이 들어 대포大布 한 필에 값이 쌀 다섯 되밖에 안 되거늘 왕이 창고의 쌀 2000석을 발하여 빈민으로 하여금 대포 한 필을 주고 쌀 한 말을 받게 하였고, 10년 2월에는 진제색을 보제사普濟寺**에 설치하였으며, 11년 4월에는 용문창龍門倉 〔군자곡을 비축, 관리하던 관청〕 곡식 1만 석을 내어서 경기 기민을 진대하였고, 20년 12월에는 하교하여 동서대비원의 치료하는 일을 중흥하고, 주군州郡으로 하여금 의원과 약물을 비치하여 일찍 죽는 것을 방지하게 하며, 원관院館을 수리하고 마소의 먹이(芻蒭)를 두어서 여행자에게 편리하게 하였으니, 이상은 공민왕 대의 특기할 만한 진제 행사였다.

우왕 때에도 2년에는 서북면의 병황兵荒으로서 포 1500필을 진급하였고, 7년에는 경상과 전라 2도의 굶주림을 진구賑救하였으며, 8년에는 경상, 전라, 강릉 3도의 굶주림을 진구했으니, 이도 고려 황정의 끝판에 더욱 활동적인(掉尾的) 표현이었다.

◉ **납속하여 관직을 얻는 제도**(納粟補官之制)

'납속하여 관직을 얻는 제도'는 고려 종래의 황정 제도가 아니었다. 충렬왕 원년(1275) 12월에 도병마사都兵馬使(동 5년에 도평의사사都評議使司로 개칭)가 국용國用 부족으로 인민에게 은을 바치게 하고 관직

---

* 개성시 한천동에 있었던 고려시대의 사찰. 선종 사찰로서 본래 보제사普濟寺, 당사唐寺라고 불렀다.
** 개경에 있는 선종 사찰. 원문에는 보현사普賢寺로 잘못 기재되어 있다.

을 주는 것을 허용하였으니, 과등科等은 다음과 같다.

> 관직이 없으면서 초사初仕*를 바라는 자: 백은 3근
> 초사를 하지 않고 권무權務**를 바라는 자: 백은 5근
> 초사 관직을 지내고 권무를 바라는 자: 백은 2근
> 권무 및 9품으로서 8품을 바라는 자: 백은 3근
> 8품으로서 7품을 바라는 자: 백은 2근
> 7품으로서 참직參職***을 바라는 자: 백은 6근
> 군인으로서 대정隊正을 바라는 자: 백은 3근
> 대정으로서 교위校尉를 바라는 자: 백은 3근
> 교위로서 산원散員을 바라는 자: 백은 4근
> 산원으로서 별장別將을 바라는 자: 백은 2근
> 별장으로서 낭장郞將을 바라는 자: 백은 4근

  그 후 같은 왕 3년 2월에도 국고가 고갈되자 도병마사의 의논을 좇아 공이 없거나 순서를 밟지 않고 관직을 구하려는 자로 하여금 국신도감國贐都監〔고려 왕실에서 원나라에 친조親朝할 때마다 설치한 임시 기관〕의 등급에 따라 은을 납부하게 한 후 관직을 받게 했다. 이상의 경로를 보면 은을 납부하고 관직을 받는 것은 다만 원나라 왕실을 위한 국신國贐(나라에서 주는 예물), 증회贈賄(뇌물을 주는 일)에 불과하고 국가의 황

---

* 처음으로 벼슬길에 오름. 원문에는 초임初任으로 잘못 기재되어 있다.
** 정직의 소관 이외에 수시로 발생하는 사무를 처리하기 위해 설치한 임시 관직.
*** 참상, 곧 3품 이하 6품 이상의 품관. 조회에 참석할 수 있는 자격을 가진다.

정과는 오히려 무관한 것이었다.

그러나 충목왕 4년 2월에 이르러 원의 정동성도사征東省都事 악우 장악友章, 종사從事 전원외랑前員外郎[정동행성의 종6품 관원] 석말완택石抹完澤,* 봉의奉議 등의 상서헌책上書獻策에 의하여 원조元朝의 입속보관지제入粟補官之制**를 본받아 기민 진휼에 이용했다 하니, 이는 원래 국가의 비황·진구에 관한 정상적 부분을 원元에 대한 공부貢賦, 행신行贐 등에 소비해버리고 다만 근소한 관직을 매매한 수입으로써 임시 미봉하려는 구차한 계책이었다. 납속보관의 과등은 다음과 같다.

> 관직이 없으면서 종9품을 바라는 자: 쌀 5석
> 관직이 없으면서 정9품을 바라는 자: 쌀 10석
> 관직이 없으면서 종8품을 바라는 자: 쌀 15석
> 관직이 없으면서 정8품을 바라는 자: 쌀 20석
> 관직이 없으면서 종7품을 바라는 자: 쌀 25석
> 관직이 없으면서 정7품을 바라는 자: 쌀 30석
> 전직이 있으면서 쌀 10석을 내는 자: 1등을 올림
> 4품 내지 3품 이상인 자: 이 규정에 구속되지 않음

그 후 우왕 2년 12월에 서북면 변강 지역(西北鄙)으로 하여금 곡식을 바치고 관직을 얻게 하여 군량에 충용했다.

---

* 이름으로 보아 거란인으로 보인다. 원문에는 석부완, 택봉의 등으로 잘못 읽었다.
** 원문에는 '납속보관지제'로 표기되어 있다.

관직이 없으면서 오위五尉에 임명되고자 하는 자: 쌀 10석 콩 5석

검교檢校에서 8품에 보임되고자 하는 자: 쌀 10석 콩 15석

8품에서 7품에 보임되고자 하는 자: 쌀 15석 콩 15석

7품으로 6품에 보임되고자 하는 자: 쌀 20석 콩 20석•

상술한 대로 고구려 고국천왕 대의 진대법과 신라 문무왕 대의 조상법糶償法••은 종래의 원시적 진휼법에서 일보 전진한 것이라 할 수 있지만, 당시 황정의 전체는 아직 임시 대응적 성격을 탈각하지 못한 동시에, 제도로서의 독자적 확립 단계에 이르지 못한 관觀이 없지 않았다. 그러나 고려에 들어오면 위정자의 인식에서 황정이 경국제민의 국가적 대사업인 것은 의연히 변함이 없었지만, 그것은 국가사업의 전 체계에서 점차 부문화하여 독자적 기관을 구비해가게 되니, 이 점은 확실히 구제 활동이 사업으로 발전하는 과정인 것이다.

대개 삼국시대에는 사회의 단위와 경제적 범위가 주로 촌락공동체와 부족취합제部族聚合制•••에 의존하였으므로 국왕의 순행 진휼 같은 행사는, 요컨대 국고창곡國庫倉穀의 집권적 활동이 아니고 다수한 촌락 및 부족의 최대 연합체인 국가의 원수元首가 각 촌락, 각 부족의 분산적 창고로 하여금 상호휼린적互相恤隣的 행사에 봉사하게 하는 데

• 원문에는 '8품에서 7품으로 보임되고자 하는 자: 쌀 20석 콩 20석'으로 기재하여 '쌀 15석 콩 15석'과 '7품으로 6품에 보임되고자 하는 자'를 빠트렸다.
•• '미곡을 대여한 것은 풍년을 기다려 상환한다'는 표현에서 따와 조상법이라고 이름을 지었다.
••• 최익한이 만든 용어로 보이며, 부족국가라는 의미로 쓴 듯하다.

지나지 못한 것이다. 그러나 신라의 통일을 거쳐 고려의 집권적 봉건 국가가 성립되매, 토지의 국유적 세력과 경제의 질서적 통어統御는 필연적으로 황정의 형식을 부문화 또는 전문화하는 동시에, 황정에 의존하여 활동하는 기관도 점차 구비되지 않을 수 없었다. 다시 말하면 삼국시대에는 국가 기관 전체가 국가 기관인 동시에 일종의 경제 기관으로서 활동하였지만, 고려에 오면 구제 기관은 특수한 구제 기관으로서 국가 기관 전체로부터 구별되지 않을 수 없었다. 이제 구제 기관을 열거하면 다음과 같다.

구제 기관

◉ **제위보**濟危寶

광종 14년 창립. 문종 이래로 부사副使 1인(7품 이상), 녹사錄事 1인(병과권무丙科權務) 등 직원이 배치되어 있다가 공양왕 3년에 혁파되었다. 그 직능은 국가 수입 또는 어떠한 재화를 원본으로 하여 그것에서 나오는 이식을 구빈에 충용하는 것이었다.

◉ **구제도감**救濟都監, **진제도감**賑濟都監, **진제색**賑濟色

예종 4년에는 구제도감, 충목왕 4년에는 진제도감, 우왕 7년에는 진제색을 설치하였는데, 모두 동일한 구제 기관으로서 곡물, 죽, 소금, 간장(醬油), 채소, 의류, 면포 등 물품을 가지고 기아 빈궁에 빠진 인민을 진휼했다.

⦁ **동서대비원**東西大悲院

　문종 이래 사使 각 1인, 부사 각 1인, 녹사 각 1인(병과권무) 등 이외에 기사記事 2인, 서자書者 2인 등 이속吏屬이 있었다. 이 기관의 직능은 전염병에 걸린 빈민을 구호, 요양하는 것이었다.

⦁ **혜민국**惠民局, **혜민전약국**惠民典藥局

　이는 시약施藥을 맡은 구제 기관으로서 예종 7년에 설치하여 4인의 판관(을과권무乙科權務)이 있었는데, 충선왕 이래로 사의서司醫署*에 소속(管屬)되었고 공양왕 3년에는 혜민전약국이라 개칭했다.

⦁ **이창**里倉,** **의창**義倉, **상평창**常平倉, **유비창**有備倉, **연호미법**煙戶米法

　비황 구제의 중요 기관으로서 고려의 창고 제도를 들 수 있다. 이창은 태조 때, 의창은 성종 5년(986년을 말한다)에, 상평창은 성종 12년에, 유비창은 충선왕이 무술戊戌 선양을 받았을 때*** 각각 설치되었다. 충선왕은 또 연호미법을 설치하였으니, 연호미법은 대개 풍년이 들면 호戶의 대소에 따라 차등 있게 곡식을 내어 주州의 창고에 저장했다가 내세의 흉황에 준비하는 것이었다.

---

* 고려, 조선시대 궁궐 안에서 쓰는 의약에 관한 일을 맡아보던 관청.
** 본래 《고려사》에는 흑창黑倉이라고 표기되어 있다. 최익한은 《목민심서》에 표기된 이창里倉이라는 표현을 따랐는데《목민심서》〈호전6조〉6 '제3조 곡부'), 아마도 중국의 사창과 비슷한 제도로 본 듯하다.
*** 1298년(충렬왕 24) 1월, 충선왕이 이어받았던 때를 말한다. 그 뒤 8월에 충렬왕이 다시 복귀했다.

이상 여러 창고의 기능에 대하여는 나중에 적당한 곳에서 다시 자세히 설명하려 한다.

고려의 황정 정리*

고려 사회는 불교의 전통과 영향이 오래고 깊어서 군덕君德은 자비를 위주로 하고 인정仁政은 굶주린 사람에게 베풀고 가난한 사람을 구제하는 것을 표방했으니, 역대 군주가 황정에 주력한 것은 물론이거니와, 승려 계급과 양반 부호에게도 구제 사업은 사회도덕상 자랑거리가 되지 않을 수 없었다. 불도佛徒는 사원의 광범한 토지와 우수한 재력을 이용하여 도량道場 법계法界에서 음식을 베풀고 양생을 돕는(施食救養) 착한 일을 자주 행하였고, 국가는 가끔 사원에 관곡을 하사하여 승려로 하여금 구제를 대행하게 하였으니, 당시 국도인 개성의 개국사와 임진현臨津縣의 보통원 같은 곳은 문종 이래 상설 식소食所로서 매년 봄여름 즈음 또는 5월 중순부터 7월 중순 혹은 3월부터 입추까지 매일 식탁을 차려서 떠돌아다니며 걸식하는 무리와 정해진 거주지 없이 다니는 자를 구급했다. 속인이나 부호로서 이에 본받은 행사가 또한 적지 않았으니 최의崔竩의 창倉과 '곡식을 납부하여 관직을 받는' 실례가 즉 이것이었다.

그러나 비황 구빈 제도가 여하히 구비되었다 하더라도 그 운용이 사람과 방법을 얻지 못하면 결국 무용의 거추장스러운 물건(長物)이

---

* 본래 제목은 없으나 내용 구분상 임의로 달았다.

되고 마는 것이다. 《고려사》(권80, 〈식화지〉3, '수한역려진대지제')에 따르면,

> 12년 10월에 왕이 명령 내리기를 "혜민국, 제위보, 동서대비원은 본래 사람을 구제하기 위하여 설치된 기관들인데, 지금 그 청사들이 모두 허물어져가니 마땅히 다시 수리하여 환자들을 치료하게 하여야 할 것이다."
> 忠肅王 十二年 十月, 下敎 惠民局, 濟危寶, 東西大悲院, 本爲濟人, 今皆廢圮. 官復修營, 醫治疾病.

라고 했으니, 고려의 자랑인 구제 기관이 고려 중엽 이래로 기능의 정체는 고사하고 건물 자체까지 벌써 폐물이 된즉, 제도가 이름만 남고 실상은 없어졌음을 족히 상상할 수 있다. 그것의 부흥이 어찌 한 조각의 하교下敎로 가능하랴. 더구나 시대와 인민의 이익에 투합한 경제적 조직이 사회 제도의 기초를 제공하지 못하는 경우, 구제 사업은 하등 실질적 효력을 발휘할 수 없는 것이다. 고려의 정치는 신라 말세에 경계經界가 문란해지고 부세 걷는 일에 절도가 없어짐을 개탄하여 건국 즉시 전제田制를 바로잡는 일을 위정爲政의 제일착으로 했다. 경종, 성종, 현종, 문종의 성시盛時를 지나 의종, 명종 이후로 내려오면서 고려 사회의 질서적 근간인 전제는 다시 극도의 문란에 빠지게 되어 제도적 재해로부터 또다시 인민을 구제할 새로운 방법이 요구되었다. 고려, 이조 교체의 역사적 의의는 실로 여기에 있었던 것이다.

이제 《고려사》(〈식화지〉1)의 일절을 빌리면,

삼국 말기에는 토지의 경계가 정확하지 못하였고 부세의 징수도 절도가 없었다. 고려 태조가 왕이 되자 맨 먼저 토지 제도를 개정하고 백성들에게서 거두어들이는 한도를 정하였으며 농사와 양잠을 장려하기에 힘썼으니, 정치의 근본 문제가 무엇인지를 알았다고 말할 수 있다.

광종은 주와 현에서 납부하여야 할 공부貢賦를 제정하였고, 경종은 전시과田柴科 제도를 세웠으며, 성종과 현종이 왕위를 계승하자 법제는 더욱 구체화되었다. 문종은 몸소 절약과 검소에 힘쓰고 필요 없는 관원들을 축소하고 여러 가지 비용을 줄여 썼으므로 대창大倉의 양곡이 오래 쌓여 있었기 때문에 붉게 썩었으며 집집마다 사람마다 생활이 유족했다. 그러므로 인구가 번성하고 나라가 부유하게 사는 좋은 정치가 이때에 이르러 가장 융성했다.

의종과 명종 이후로 권세 있고 간사한 자들이 나라의 정치를 제멋대로 좌우하여 백성들을 못살게 굴고 국가의 경비를 남용하여 쌀 창고들이 텅 비었다. 원을 섬김에 이르러 민에 대한 혹독한 착취가 끝이 없었다. 왕이 원나라로 갈 때 가지고 가는 선물과 나라에서 때때로 보내는 선물을 갖추기 위한 비용을 집집마다 거두어서 냈는데, 그 징수하는 명목이 헤아릴 수 없이 많았다. 이로 말미암아 호구는 날로 줄어들고 나라의 힘은 약해져서 고려 왕조의 국가 통치 사업이 드디어 쇠퇴했다. 마지막 시기에는 임금들이 자신의 도리를 잃었고, 토지와 호구 문건이 명확지 못하여 양민良民은 모두 세력 있는 자들에게 소속되었으며, 전시과 제도는 폐지되어 그 토지들은 개인들의 땅이 되어 권세 있고 유력한 자들의 토지는 사방(阡陌)으로 잇대어 있고 그 경계는 산이나 냇물을 가지고 표식할 정도였으며, 경작자들에 대한 조세 징수는 1년에 두 번 혹은 세 번이나 중

첩되는 일까지 있었다. 이리하여 태조 이래 역대 왕들이 제정한 법제는 모조리 파괴되고, 나라도 이에 따라 망하게 되었던 것이다.

三國末 經界不正. 賦斂無藝. 高麗太祖 卽位. 首正田制. 取民有度. 而惓惓於農桑, 可謂知所本矣. 光宗, 定州縣貢賦. 景宗, 立田柴科. 成顯繼世, 法制愈詳. 文宗, 躬勤節儉. 省冗官節費用. 大倉之粟 紅腐相因 家給人足. 富庶之治, 於斯爲盛. 毅明以降, 權姦擅國, 斲喪邦本. 用度濫溢, 倉廩殫竭. 及至事元, 誅求無厭. 朝覲, 饋遺, 國贐等事, 家抽戶斂, 徵科萬端. 由是, 戶口日耗. 國勢就弱. 高麗之業 遂衰. 叔季失德, 版籍不明. 而良民盡入於巨室. 田柴之科, 廢爲私田 有力權者, 田連阡陌, 標以山川. 徵租一歲, 或至再三. 祖宗之法 盡壞. 而國隨以亡.

라고 하였으니, 이는 고려 멸망의 단적인 이유를 어느 정도 파악한 것이었다.

이조의 구제 제도

황정 정책

이태조李太祖는 여말의 큰 영웅으로서 남정북벌南征北伐에 보국안민保國安民의 무훈武勳과 위대한 공적을 높이 세웠을 뿐 아니라, 당시 걸출한 승려 신돈辛旽이 앞장서고 일류 경제 책사策士 조준趙浚 등이

누차 제안한 대로 케케묵은 특권 계급의 세습적 장원莊園과 겸병이나 억탈을 일삼는 사전私田을 몰수하고 개방하여 신흥 양반 계급에게 토지를 재분배하고, 이에 필연적으로 동반해 일반 인민에게 미치는 혜택(均霑)을 역사적 의의에서 단연히 이루었으니, 이태조가 '집안을 일으켜 나라를 만든(化家爲國)' 기본 조건은 무엇보다 이러한 경제 정책에 있었던 것이다.

이조의 황정은 고려와 비교하여 제도와 운용이 일층 완비되고 발달한 것이다. 고려조는 불교의 영향을 받아 자비와 희사喜捨로서 황정의 정신을 삼았으나, 이조의 황정은 주적主的으로 유교의 정치적 이상을 추구하였다. 즉 한 사람이 그곳을 얻지 못하더라도 이는 왕자王者의 큰 책임인 동시에 왕자 자신이 그를 구덩이(溝壑)에 집어넣은 것과 다름없이 생각한다는 유교의 왕도적 교훈에 역대 군주는 적지 않은 감화를 받았던 것이다.

이조 황정의 내용을 조목조목 열거하면 역시 구황 면에서 견감·진대·진휼·시식·경조輕糶·방곡과 비황 면에서 의창·상평창 등의 설치는 고려와 하등 다름이 없었다. 그러나 봉건적 집권의 완성과 유교 문화의 역사적 수련을 거치고, 쇄국적 승평 기간이 비교적 장구에 의하여 유제遺制를 확장하고 조직을 세밀화한 점에서는 이조 황정의 특색을 간과할 수 없는 것이다. 태조 7년(1398)의 경상도 기민 진제에서 고종 광무 5년(1901)의 혜민원 설치를 명하여 진휼책을 강구함에 이르기까지 무릇 500여 년간 역대 황정은 수백 회의 구제 행사를 거듭하면서 국가 인정仁政으로서의 전통을 어느 정도는 지속했던 것이다.

◉ 황정의 책임

자연재해 혹은 어떤 이유로든지 기근에 빠진 궁민이라면 국가로서는 반드시 구제하지 않으면 안 될 의무를 짊어졌으니 예를 들면 이러하다.

태조 7년에 경상도관찰사가 기민 진휼을 청하거늘, 좌의정 조준이 가로되 "굶주린 백성이 여러 도에 다 있으니 만일 모두 창고를 열어 그들을 진구賑救한다면, 신은 국가의 여축餘蓄이 없을 것을 두려워합니다"라고 하니, 태조가 가로되 "현재 경상도에 곡식이 있거늘 어찌 기민을 진구하지 아니하리오"라고* 했다.

또 세종 원년 구황에 대한 하교의 요지는 이러하다.

백성은 나라의 근본이요, 음식은 백성의 하늘이다. 홍수, 가뭄, 바람, 우박의 재해로 여러 해 잇달아 흉년이 들어 항산恒産이 있는 자도 또한 기아를 면치 못한 고로 호조에 명하여 창고를 열어 진제하게 하였으니, 감사와 수령으로서 구휼치 않는 자는 담당 관청으로 하여금 죄를 다스리되, 만일 한 사람의 굶어죽는 자가 있더라도 마땅히 죄에 따라 벌을 내리며 용서하지 않을 것이라 했다.

◉ 황정의 신속

이조의 황정은 특별히 신속을 원칙으로 하였으니, 예를 들면 이러

---

* 《증보문헌비고》 권169 〈시적고〉7 '진휼'1. 이하 이조의 구제제도에 관한 자료는 대부분 《증보문헌비고》에서 인용했다.

하다.

태종 11년에 평안, 함경, 황해도(西北豊海)의 큰 가뭄에 관하여 지신사知申事* 김여지金汝知가 아뢰지 않음을 엄중히 견책하고 급속히 관리를 파견하여 기민을 진구했다.

또 15년에는 어느 걸인 하나가 충녕대군(세종의 잠저潛邸 때 군호君號)에게 굶주림을 하소연하거늘, 대군이 부왕께 고하니 왕이 가로되, 기아의 구제를 담당하는 소속 관사가 있는데도 기아에 죽어가는 백성이 왕자를 보고 밥을 얻어먹게 됨은 있을 수 없는 일이라 하고 소관 주사主司를 죄주도록 명했다.

16년에는 영길도永吉道**에 기근이 들어 도순문사都巡問使 조흡曹洽이 창고를 열어 진대할 것을 주청하거늘, 왕이 가로되, 진제란 것은 민의 급한 재난을 구하는 것인데 만일 계문啓聞하여〔조선시대에 신하가 글로 임금에게 아뢰는 일〕왕의 명령을 기다리려 하면 늦어져서 일의 중요한 때(事機)를 잃어버릴 것이니 이제부터는 편의를 좇아 임의 진휼하라고 했다.

세종 때 이러한 구제 미담이 있었다.

문장과 절개로 유명한 점필재佔畢齋*** 김종직金宗直의 아버지 강호江湖 김숙자金叔滋는 일찍이 수령이 되었는데, 흉년을 당할 때마다 여러 고을 수령은 장래 문책을 꺼려 의창이 텅 비고 기민이 땅에 쓰

---

* 조선 초기, 왕명의 출납을 관장하던 승정원承政院의 정3품 벼슬. 후에 도승지都承旨로 명칭을 바꾸었다.
** 태조 때 동북면을 영길도로 개칭했다.
*** 원문에는 '점필비재佔畢俾齋'라고 기재되어 있는데, '비俾'자가 잘못 들어 갔다.

러지되 가만히 앉아 보기만 할 뿐 구제 대책을 강구치 않았으나, 김숙자는 이것을 크게 옳지 못하다고 생각하여 가로되 "예전에 한소韓韶*는 구렁(溝壑)에 빠진 백성을 살리고는 웃으면서 죽으려(含笑入地) 하였으며, 급암汲黯**은 왕명을 거짓 칭하여 하남의 창고를 내어 가지고 빈민을 구하고 죄를 사양치 않았으니 진실로 인민에게 마음을 두었을진대, 어찌 법에 저촉될 것을 두려워하리오" 하고는 군수軍需를 다 내어 기민을 진대하였더니, 백성은 그 은혜에 감동하여 가을에 이르매 관의 독촉을 기다리지 않고 스스로 모두 되갚았다고 한다.

◉ 황정과 왕언王言

재해와 기근은 농업 사회의 존폐 문제이니 토지 특권 계급의 생존상 황정에 특수한 관심을 갖고 있지 않으면 안 될 것은 다시 췌론贅論할 필요도 없는 것이려니와, 어쨌든 이조의 역대 군주가 흉황을 당할 때마다 신중히 헤아리고 주의해서 살피는(惕慮警省) 태도의 표시는 실로 백왕百王의 사상史上에 탁월하다 할 수 있다.

세종대왕은 즉위 원년에 "무릉도武陵島〔울릉도의 별칭〕 백성 남녀 17인이 평구역平丘驛***에 이르러 절량絶糧되었으되 구휼한 자가 없음

---

* 후한 때의 명신. 고을의 수령이 되었을 때 흉년을 만나자 상부에 보고할 여유가 없어 스스로 창고를 열어 굶주린 백성을 구제하면서 "만약 이것 때문에 죄를 받는다고 해도 내 한 몸 죽어 만 사람을 살릴 수 있다면 웃음을 머금고 땅속에 들어가겠다"라고 했다.
** 중국 전한 때의 관료로, 청렴과 직간으로 유명한 인물. 직간 때문에 무제에 의해 회양태수로 좌천되었으나 선정을 베풀어 백성들에게 칭송을 받았다.
*** 망우리(조선시대 양주군에 속함)를 거쳐 양근으로 나아가는 길.

을 크게 애상하게 여겨 하교해 가로되, 한양 가까운 지역에도 오히려 이 같거든 하물며 먼 지방에 있어서랴! 호조로 하여금 각 도에 공문을 보내 검찰檢察을 엄밀히 하여 인민으로 하여금 굶주리고 곤궁하지 않게 하라" 하였으며, 4년에는 시신侍臣더러 일러 가로되, "근래에 연년 흉년이 들었으니 구황 정책을 늦출 수 없다. 그리하여 곡물을 이송하여 구제하려 하나 지금 농사철에 심히 주린 백성이 곡물을 운반하는 일에 힘이 없도다. 경 등은 매일 아뢰는 일에 황정을 첫머리로 하라" 하였으니, 이상의 실례로써 이조 초기 현군들의 관심을 가히 짐작할 수 있을 뿐 아니라, 이러한 마음 씀씀이(心法)의 모범은 뒷날 왕에게까지 끼친 영향이 적지 않았다. 혹은 내탕內帑[왕이 개인적으로 가지고 있는 재물. 내탕고의 준말]의 은銀을 하사하여 구황 비용에 보충하고, 혹은 어공御供[왕에게 물건을 바침]의 쌀을 내어 기민을 먹이고(선조, 숙종),* 혹은 제문祭文을 친히 지어 굶어죽은 백성을 제사 지내도록 하고(숙종),** 혹은 정협鄭俠의 고사故事***를 본받아 관찰사로 하여금 〈기민도飢民圖〉를 만들어 올려 왕이 볼 수 있게 하고(영조),**** 혹은 비국당상備局堂上으로 하여금 《혜정연표惠政年表》를 편성하여 황정을 기록하게 하고(정조),***** 혹은

---

* 선조 26년과 숙종 39년의 기록이 있으며, 어공미에 대해서는 숙종 21년의 기록에 따르면 선조 26, 27년의 사례에 따라 이와 같이 시행하라고 했다(《증보문헌비고》 권170, '〈시적고〉8 진흉'2).
** 숙종 42년 감진어사監賑御史를 제주에 보내 친히 글을 지어 제주의 굶어죽은 사람을 제사 지내주었다.
*** 송나라 신종 때 관리 정협이 고생하는 유민流民들의 모습을 그림으로 그려서 황제에게 아뢰었는데, 세간에서는 이를 〈유민도〉라고 했다.
**** 영조 39년 가을 강원도에 흉년이 들었을 때 일어난 일.
***** 정조 18년(1794) 비국당상 조진관에게 명하여 《혜정연표》를 편성하게 했다.

홍화문興化門*에 친림하여 걸식하는 자에게 죽을 나누어주고(영조), 홍화문弘化門에 친림하여 기민에게 쌀을 내려주었다(정조).** 이런 실례는 이루 다 열거할 수 없는 것이다.

조선의 오래되지 않은 옛 민요나 소설에서 흔히 '시절은 화평하고 해는 풍요로웠던' 숙종 시대를 들먹이는데, 아닌 게 아니라 숙종이 재위 46년간 군주로서 백성을 구휼하였던 선정善政은 한두 가지가 아니었다. 숙종 40년에는 호남 진휼곡을 실은 배가 제주에 무사히 도달했다는 말을 듣고 심히 기뻐하여 어제시御製詩를 해창위海昌尉 오태주吳太周[현종의 부마. 해주 오씨]에게 내렸다. 시의 내용은 이러하다.

천리 먼 남쪽 바다 건너가기 어려운 곳
풍파 높아서 곡식 옮기는 일 고생도 많았으리라
배가 다 무사히 건넜다는 소식을 접하게 되니
하늘도 불쌍한 이들 구제하려는 뜻 분명하네
千里南溟利涉難 / 風高移粟亦間關
報來船泊皆無恙 / 天意分明濟寡鰥

더구나 이조 역대 군주의 재해와 기근에 대해 애절측달哀切惻怛[가엾게 여겨 매우 슬퍼하는 모습]하는 왕언은 또한 그 유례를 어느 곳에서도

---

* 광해군 10년(1618)에 세운 경덕궁(현재 경희궁)의 정문으로, 일제강점기에 헐렸다가 근래 다시 복원되었다.
** 정조 19년(1795) 6월, 정조는 홍화문에 나가서 굶주린 백성에게 쌀을 내려주었다. 홍화문은 창경궁의 정문.

잘 볼 수 없는 것이다. 말하자면 이는 이조의 독특한 표시였다. 숙종의 24년 비망기備忘記(지금의 각서)를 보면 이러하다.

임금은 만백성들의 부모이니, 한 사람이 굶주려도 자신이 굶주리는 것 같고 한 사람이 추위에 떨어도 자신이 추위에 떠는 것 같다. 하물며 지금 굶어죽는 시신이 날마다 거리에 쌓이고 있는데도 구제하지 못하고 있으니, 그 아픈 심정을 어떻게 감당할 수 있겠는가. 한성부가 계문啓聞한 것을 계속해서 보건대, 5일 안에 구렁을 채운 시신이 40~50구나 된다고 하니, 한 달 동안 죽은 자를 모두 계산하면 얼마나 되겠는가. 아, 하늘이 내리는 비와 이슬의 혜택은 마른 나뭇잎까지도 고루 적시고 왕자의 은택은 금수에게도 미치는 법이다. 생각건대, 길에서 떠돌아다니면서 걸식하는 저 사람들이 비록 토착 농민은 아니지만 마른 나뭇잎과 금수에게도 혜택을 미치게 하는 의리로 미루어볼 때 어찌 차마 서서 보고만 있겠는가. 진휼청으로 하여금 특별히 더 구제하게 하고, 또 모든 부서에 신칙하여 착실하게 매장해주도록 하여, 내가 측은히 여기는 뜻을 보이도록 하라.

人主. 作萬人之父母. 一人之飢. 猶己之飢. 一人之寒. 猶己之寒也. 矧今 饑殍. 日積於布而莫之救. 曷堪痛傷. 連關京兆之啓. 五日之內. 僵身之塡壑者 計以四五十. 數. 通一月計. 死者. 幾許. 噫. 雨露之惠. 枯葉均沾. 王者之澤. 禽獸亦及. 則惟彼 流乞於道路者. 雖非土着之農民. 以枯葉禽獸亦及惠澤之義. 推之. 則豈忍立視而已耶. 其令賑廳. 特加濟恤. 更飭諸部 着實埋瘞. 用示予惻怛之意.

또 숙종 30년 정월의 비망기를 보면 이러하다.

국가가 불행하여 을해년(1695, 숙종 21)과 병자년(1696, 숙종 22)의 큰 흉년과 무인년(1698, 숙종 24)과 기묘년(1699, 숙종 25)의 전염병이 있은 이후로 마치 전쟁을 겪은 것과 같아 백성들이 고난에서 헤어나지를 못했다. 그 위에 3년 동안 큰 홍수가 계속되어 재해가 예사롭지 않아 8도가 계속 기근에 시달렸고, 그중에서도 서북 지방이 유독 더 심했다. 아, 불쌍한 우리 백성들이 장차 사망하게 될 상황이 눈앞에 닥쳤기에, 내 몸이 아픈 것과 같은 슬픔이 구중궁궐 속에서도 더없이 절실하다. 그런데 축적된 곡식이 하나도 없으니 어찌 된 노릇인가. 한밤중에도 애를 태우며 걱정하나 뾰족한 계책이 생각나지 않는다.

그러나 정성이 있으면 이루지 못할 일이 없는 것이다. 오늘날 임금과 신하 모든 상하가 참으로 정성스러운 마음으로 착실하게 구제하는 일에 뜻을 둔다면, 또한 어찌 살릴 방법이 없겠는가. 안으로 진휼을 주관하는 신하와 밖으로 어사, 감사에 이르기까지 측은하게 여기는 나의 뜻을 본받아 흉년의 정사를 강구하여 부지런히 힘쓰도록 하라. 결국에는 백성들이 기근에 시달린 정도에 따라서 상벌을 분명하게 시행할 것이다.

國家不幸. 一自乙丙大殺, 戊己毒厲之後, 若經兵燹. 民未蘇息. 加以三歲懷襄. 災害非常. 八路荐飢. 西北尤甚, 哀我民斯, 大命近止. 如傷之念, 非不切於九重. 而奈此積儲之蕩然, 何. 中夜焦憂, 不知所以爲計也. 然, 誠之所存, 無事不成. 今日, 君臣上下, 苟能以誠心, 着意賑事. 則亦豈無濟活之道乎. 內而主賑之臣, 外而御史方伯, 體予惻之意. 講究荒政, 孜孜不怠. 而畢竟以捐瘠之有無, 明示勸懲之典. 宜各勉旃.

그리고 이조 말기 고종 광무 5년(1901)에 혜민원 설치를 명령하고 진휼을 강구하게 한 조서詔書는 이러하다.

조칙을 내리기를, "흉년에 가난한 백성을 구제하는 것은 나라를 다스리는 큰 정사이니, 《주례》에는 기근을 구제하는 열두 가지 정책이 있고 한 나라에서는 봄철 진휼에 대해 의논했다. 하늘의 재변이 무시로 들이닥쳐 백성의 생활이 대부분 곤궁하고 피폐하니, 비록 풍년이 든 때라도 조정에서 돌보지 않으면 백성들이 살아 나갈 수가 없다. 하물며 흉년이 든 때야 더 말해 무엇하겠는가.

삼가 열성조의 고사를 살펴보건대, 우리 인조 때부터 진휼청을 설치하여 흉년을 당한 백성을 구제함으로써 홍수와 가뭄이 재변이 되지 못하게 하였고 또 의지할 데 없는 홀아비와 홀어미, 부모 없는 어린이와 자식 없는 늙은이를 돌보아주었다.

갑오경장 이후로는 진휼청을 폐지하여 진휼을 시행하지 않았으니 더욱 통탄할 노릇이다. 진휼청의 전례대로 별도로 관청을 하나 세워 혜민원이라 부르고, 날마다 회동하여 대책을 충분히 상의한 다음 각각 조목별로 진술하게 하라. 진실로 이 백성들이 죽지 않도록 할 수 있는 일이라면 짐이 어찌 백성들을 돌보아줄 생각으로 시행하지 않겠는가. 설사 풍년이 든 해라도 폐지하지 말고 상설하여 의지할 데 없이 온갖 고생을 하는 홀아비와 홀어미, 부모 없는 어린이와 자식 없는 늙은이를 돌보도록 해야 할 것이다. 이것이야말로 우리 왕가의 법도를 시행하여 주周나라,

한漢나라가 아름다운 일을 시행했다는 칭찬을 독차지하지 않게 하는 것이며 또 천하만국이 다 같이 시행하는 일이다. 각각 힘써 실효를 이루어 우리 백성들을 보전하도록 하라"라고 했다.

詔曰. 賑荒. 有國之大政也. 故周禮. 有十二荒政. 漢家. 議方春賑貸. 盖 天災 有 不時. 而民生 多困瘁. 雖 樂歲. 非有朝廷撫恤. 民不得以聊生. 況凶年乎. 謹稽 列聖故事. 自我仁祖朝時. 設 賑恤廳. 旣有以賑求歉荒. 使 水旱不能爲之災. 又有以 收恤四窮之無所依歸者. 甲午更張 以後. 遂廢. 尤所痛恨者也. 依賑恤廳例. 另設一官. 稱以惠民院. 逐月會同. 爛商方略. 令各條陣. 苟能使斯民不至死亡者. 朕豈無懷保之念乎. 雖豊年. 常設無廢. 以養鰥寡之顚連無辜者. 此實所以行我家法. 而俾周漢不得傳美者也. 亦天下萬國所同行之事也. 其各務究實效. 以保我元元.•

⊙ 황정과 지방관

당시 황정은 물론 국정의 중요 절목인 만큼 이는 군주와 정부의 대동적大同的 관심을 요하는 것이요, 어느 하나의 부서, 하나의 직책에 전속되어 여타의 제 기관은 아무런 책임을 갖지 않았던 것이 절대로 아니었다. 그러므로 한번 재해와 기근이 전국 혹은 지방에 갑자기 닥치면 문무백관 누구를 막론하고 그에 대한 보고와 대응책을 제출할 수 있는 것이었다.

그리고 구제의 실제 활동에 관하여 조정에서는 사건의 필요에 따

• 《승정원일기》 고종 38년(신축, 1901, 광무 5) 8월 27일(양력 10월 9일).

라 문무관 중 적당한 자를 가려 진제사賑濟使, 진휼사賑恤使 혹은 구황순찰사救荒巡察使라는 명칭으로 재해 지역에 특파하여 구제의 최대 책임을 이행하게 했다. 또 흔히는 어사를 특명하되, 진휼어사賑恤御使 혹은 감찰어사監察御使 등의 명칭으로 진휼 업무를 감찰하게 하였으니, 이는 대개 필연의 조처요, 일찍이 없었던 특별한 사례는 아니었다.

그러나 황정의 생명을 실제로 좌우한 자는 누구보다도 지방 관리가 아니면 안 될 것이었다. 그들은 이름대로 목민관인 만큼 재해 지역의 실제 상황과 인민의 이면적 정경情境을 가장 잘 듣고 보고할 뿐 아니라, 진정賑政의 실현 여부 또한 그들의 수단에 달렸던 것이다. 그러므로 이조 역대에서 황정에 대한 책임을 지방관에게 중점적으로 부과한 것은 역대 군주의 교지에서뿐 아니라 법전의 규정에서도 원칙적으로 볼 수 있는 것이다.

원래 농업국은 그 정부가 일종의 농정 기관이라는 관觀이 있으므로 권농관을 별도로 두었지만, 지방 수령이야말로 무수한 상임 징세관인 동시에 상임 권농관이라 하여도 과언이 아니다. 이조의《경국대전》〈호전〉'무농務農'을 보자.

> 무릇 농사는, 갈고 씨 뿌리는 것은 반드시 일찍 하고 풀 뽑기는 부지런히 해야 한다. 수령은 사면에 권유하여 때맞추어 갈고 김매게 하고 또한 부족한 것은 도우도록 하여 차역하지도 말고 징발하지도 말아야 한다. 관찰사는 수령의 부지런하고 게으른 것을 고려하여 전최殿最*한다.

---

* 고려와 조선시대에 경외京外에서 근무하는 문무 관리의 공과근만功過勤慢을 조사하여 성적을 매기는 고과考課.

凡農事, 耕種須早. 除草須勤守令, 勸諭四面. 使趁時耕耘, 且助
不給, 勿差役. 勿徵發. 觀察使, 考勤慢殿最.

이것도 물론 이조의 독특한 규정은 아니다. 삼국의 역사에 따르면 신라 파사왕 11년에 사자使者 10인을 보내 주주州主와 군주郡主로서 직책에 힘쓰지 않거나(職事不勤), 전야를 크게 황폐하게 한 자를 염찰廉察하여 강등 또는 파면하였으며, 《고려사》에 따르면 정종 2년에 심찰사審察使를 보내 제도諸道의 외관外官 가운데 인민을 철에 어긋나게 일을 시켜 농사를 방해함이 있는 자를 살펴 쫓아내게 했다. 고려 성종 5년 5월 교서에 따르면, 주목관州牧官에서 진사鎭使에 이르기까지 그들에 관한 고과는 권농의 '부지런함과 태만함'과 전야의 '황폐함과 개간(荒闢)' 등을 표준으로 하여 포폄을 가하였으며, 또 같은 해 9월 목민관에 대한 훈령은 "재판 사무를 지체하지 말고, 창고들에 곡식이 충만하게 하며, 곤궁한 백성들을 구제하고, 농업과 잠업을 장려하며, 부역과 조세는 가볍게 하고, 처사는 공평하게 하라"의 6개 항목으로 되어 있었으니,* 권농과 진구賑救가 수령의 최대 과업인 것은 하나의 전통적 규정이었다.

그러나 이와 같은 규정은 이조 법전에 와서 일층 심각해진 듯하다. 이조 《경국대전》 〈이전吏典〉 '외관직外官職'에 수령은 "농번기에 당해서는 교체하지 마라(當農月勿遞)"라고 하였으니, 농사일에 관한 업무(農

---

* 본래 《고려사》(〈세가〉 권3)에는 무체옥송無滯獄訟, 무실창름懋實倉廩, 진휼궁민賑恤窮民, 근과농상勤課農桑, 경조박부輕糶薄賦, 처사공평處事公平의 6항이 실렸는데, 이 책에서는 첫 번째 항(무체옥송)을 빠뜨렸기에 보완했다.

務)의 주지主旨가 철저하다 할 것이다. 같은 책〈호전〉의 '비황'에서는

여러 고을은 백성들에게 매년 구황물을 준비하게 한다. 수령이 진휼, 구제에 마음을 쓰지 않아 기민이 많이 죽게 되었는데도 숨기고 보고하지 않는 자는 무겁게 논죄한다.
諸邑, 令民 歲備救荒之物. 守令, 不用心賑救. 飢民多致物故. 匿不以報者, 重論.

라고 하였으며, 또《속대전續大典》에서는

각 읍의 진휼곡은 매년 힘이 자라는 대로 비축하되, 새로 비축한 수효를 연말마다 감영으로부터 비국備局에 보고하여, 가장 우수한 자는 상을 주고, 전연 거행하지 않는 자는 벌을 주며, 사사로이 대출하거나 쓴 자에 대해서 수령은 공곡남용률公穀濫用律에 의하여 논죄하고, 색리는 장 100대를 때린 뒤 정배한다. 곡식을 비축한다고 칭탁하고 민간에 권분하는 것을 엄금한다.
各邑, 賑穀. 每年, 隨力備儲. 新備數爻. 每年終, 自監營, 報備局. 最優者, 全不擧行者, 論賞罰. 私用 貸用者, 守令, 依公穀濫用律, 論. 色吏, 杖一百, 定配. 托以備穀, 勸分民間者, 嚴禁《속대전》〈호전〉'비황').

극심한 흉황을 당하면 따로 어사를 보내 감진하게 한다. 수령으로서 진휼을 도내에서 가장 잘한 수령은 상을 주며, 사사로이 기민을 진휼하여

제활濟活이 많은 자와 사곡私穀을 내어 관官의 진휼을 보조한 자는 그 다소에 따라서 차등 있게 상을 준다.

遇 極凶, 則別遣御使 監賑. 守令, 善賑, 爲一道最者, 論償. 私賑飢民濟活多者, 出私穀補官賑者, 隨其多少, 論償有差《속대전》〈호전〉'비황'〉.

라고 했다.

이상의 기록을 보면 황정과 지방관의 관계를 가히 알 수 있는 동시에, 이조 법전의 취지가 또한 우연하지 않은 것을 알 수 있다. 그러므로 이조 이래 우수한 황정을 펼친 지방관이 적지 않았으며, 그 전통적 관심의 결정이 다산 정약용의《목민심서》와 같은 유수한 명서名書를 산출하게 하였던 것이다.

《목민심서》는 정약용이 지방 관리의 귀감을 위하여 저작한 것이니, 즉 당시 목민관의 성전聖典이었다. 같은 책 〈호전戶典〉'권농'에 "옛날의 현명한 수령은 권농을 부지런히 하는 것으로써 자기의 명성과 공적을 삼은 까닭에 농상農桑이 수령 7사의 으뜸이라"* 하여 권농의 요무要務를 간명히 진술하였고, 〈진황〉에서는 비자備資, 권분勸分, 규모規模, 설시設施, 보력補力, 준사竣事의 6개 조목으로 나누었는데, 황정의 '준비하고 구휼하는(備救)' 양 방면에 대하여 당시 목민관의 실제에 가장 적합한 정도로서 치밀, 간요하게 논술했다. 협의로 보면 지방관의 황정 지침이나, 광의로 보면 중앙정부의 황정 경륜상 반드시

---

* 본래 이 부분의 원문에는 "권농이 수령의 으뜸대로 일이라(古之賢牧, 勤於勸農, 以爲聲績, 勸農者 民牧之首務也)"라고 되어 있다.

참고하지 않으면 안 될 귀중하고 위대한 전적典籍이다. 이러한 필요는 지금까지도 의연히 지속되고 있다 할 것이다.

이조의 황정 기관

삼국을 지나 고려에 이르러 황정 기관은 차츰 전문적 형태를 갖추었는데, 이조에 들어와서는 그것이 계승된 동시에 일층 강화된 의의를 부수賦受했다.

구황청救荒廳: 이조 초 설치, 비상설
상평청常平廳: 세조 때 설치
선혜청宣惠廳: 선조 때 설치
진휼청賑恤廳: 인조 때 설치
혜민원惠民院: 고종 때 설치
총혜민사總惠民社(경성京城): 고종 때 설치
분혜민사分惠民社(각 군郡): 고종 때 설치

이상 기관의 연혁을 약술하자면 다음과 같다. 이조 초에 상평청을 창설하여 경기 5참五站*의 공수供需를 전적으로 관할하게 하고, 낭청 1원員을 두되 음관蔭官으로서 임명했다. 그 후 선조 41년에 영의정 이

---

* 조선시대에 참은 역로驛路에 마련하여 중앙의 공문公文을 지방으로 전달하고, 공용 여행자에게 교통 편의를 제공하던 시설.

원익李元翼이 대동법 실시를 청하매, 왕은 먼저 경기에 경기청을 설치하여 상평청에 합병하고 선혜청이라 개칭하여 대동미, 포, 전의 출납을 장관掌管하게 했다. 그리하여 장관長官인 도제조 3원은 시임 3의정이 겸임하고, 차관인 제조 3원 중 1원은 호조판서가 예겸하고, 낭청 1원을 증치하여 문관으로서 임명하게 했다(《증보문헌비고》〈직관고〉9 '선혜청' 참고).

인조 4년에 비국(비변사)의 소관 구황청을 선혜청에 이속하여 상평청과 합설한 후 8도의 모곡耗穀, 발매發賣, 설죽設粥 등의 업무를 전관하게 하여 진휼청이라 명칭하고, 13년에 호조판서 최명길崔鳴吉의 말을 따라 상평청을 폐지했다(《증보문헌비고》〈시적고〉7* '진휼'). 그 후 고종 갑오년 이후에 진휼청을 폐지했다가 광무 5년에 이르러 진휼청을 본받아 하나의 관사를 신설하니, 이것이 즉 혜민원이다. 당시 조서(앞에 보이는**) 중에,

> 우리 인조 때부터 진휼청을 설치하여 흉년을 당한 백성을 구제함으로써 홍수와 가뭄이 재변이 되지 못하게 하였고 또 의지할 데 없는 홀아비와 홀어미, 부모 없는 어린이와 자식 없는 늙은이를 돌보아주었다. 갑오경장 이후로는 진휼청을 폐지하여 진휼을 시행하지 않았으니 더욱 통탄할 노릇이다. 진휼청의 전례대로 별도로 관청을 하나 세워 혜민원이라 부르고……

---

* 원문에는 시조고市糶考로 잘못 기재되어 있다.
** 이 책, '황정과 왕언' 94~95쪽의 조서를 가리킨다.

> 自我仁祖時, 設賑恤廳. 既有以賑救歉荒. 使 水旱 不能爲之災.
> 又有以收恤四窮之無所依歸者. 甲午更張以後, 遂發. 尤所痛恨者
> 也. 依 賑恤廳例, 另設一官. 稱以惠民院…….[*]

라고 한 것이 즉 그것을 운운한 것이었다.

   혜민원의 관제는 총재 3원, 의정관 5원(모두 칙임관勅任官^{**}), 총무 1원(칙임관 또는 주임관奏任官), 참서관 3원(주임관), 주사 5원(판임관判任官)으로 구성되었다. 그리고 경성에는 총혜민사를 두고, 각 군에는 분혜민사를 두어 혜민원과 더불어 서로 보조하되, 혜민원은 진구를 주관하고 혜민사는 전곡을 조장하여 각 군의 분혜민사를 관할하고, 분혜민사는 해당 고을의 전곡과 진휼 업무를 겸관했다. 그 후 3년 만에, 즉 광무 7년에 혜민원은 결국 폐지되고 말았다.

   의창義倉
   상평창常平倉
   사창社倉
   교제창交濟倉, 제민창濟民倉

   이조의 비황 기관으로 창고 제도(倉制)를 들지 않을 수 없다. 삼국시대에 창고를 열어 진구하는 일이 역사 기록에 자주 나타났으니 정부

---

* 《승정원일기》 고종 38년(신축, 1901, 광무 5) 8월 27일(양력 10월 9일).
** 칙임관, 주임관, 판임관은 갑오개혁 이후 관료제도의 등급으로, 칙임관은 대신의 요청으로 왕이 임명하고, 주임관은 대신이 왕에게 추천하여 임명하며, 판임관은 각 부의 대신이 임명했다.

소관의 곡창이 없었던 것은 아니지만, 그것은 병농의 구분이 아직 확연하지 못하고 일정한 저축으로서 군수軍需를 제공한 다음에 여력을 구황에 충용하였던 것이다. 다시 말하면 당시의 곡창은 대개 군창인 동시에 농창이었던 것이다. 이조에서도 군자창으로서 민간 진대를 행한 것은 역시 병농으로 함께 사용하는 원시적 창제의 유물이라 할 수 있다.

그러나 《삼국지》에 따르면 고구려의 풍속에 대창고는 없고 집집마다 작은 창고가 있는데 부경桴京이라 한다* 했으니, 대개 삼국 당시에 촌락 혹은 부족은 대가족적 경제 단위인 동시에 군단軍團 단위였으므로 부경인 소창도 요컨대 1촌락 1부족에 반드시 설치된 병농으로, 함께 사용하는 창제였을 것이다. 물론 중요한 병참 지점에는 대규모 병창兵倉이 설치되었지만, 때와 장소에 따라(隨時隨處) 창고를 열어 진구했던 것은 거의 저러한 분산적이고 작은 군창軍倉이었을 것이다.

그러나 고려에 와서 황정 기관이 전문화됨에 따라 창 제도 또한 비황·구황의 목적을 독립적으로 갖지 않을 수 없었으니, 이것이 이창里倉, 의창義倉, 상평창常平倉 등이 발생하는 필연적 경로였다. 이조의 황정 제창諸倉은 결국 고려조의 전통을 보다 조직화하고 일반화한 것에 지나지 못한 것이니, 이제 다음의 조목에 따라 간략한 해설을 하려 한다.

---

* 《삼국지》〈위지〉 '동이전' 고구려조에 "그 백성들은 큰 창고가 없고 집마다 작은 창고를 두어 부경桴京이라 부른다"라고 기록되어 있다.

◉ 의창義倉

고려를 세운 뒤에 태조는 궁민 진대의 목적으로 이창里倉을 창설하였으니, 이는 명칭과 같이 촌리의 창으로서 이민里民의 공동 저축과 공동 진대에 상당하는 기관으로,* 그 규모는 부경제桴京制의 확장에 불과하나 황정의 창제로서는 조선 역사상에 처음 출현한 것이다. 그 후 성종 5년에 쌀 1만 석을 증축하고 이창을 의창이라 개칭했다. 의창은 원래 수나라 장손성長孫晟에서 유래(緣起)한 것이니, 장손씨長孫氏가 거주하던 촌락에 의창을 설립하고 촌민으로부터 일정량의 곡물을 갹출하여 그 창고에 저치하여 흉겸凶歉에 예비한 것이 후래 의창제의 기원이었던 것이다. 고려 성종 5년에는 이것을 제주諸州, 부府에 각각 설치하여 정부의 시설로서 직접 관리하되, 매년 관곡의 잉여를 의창에 저치했다가 어려운 시절을 당하면 종자와 양식으로서 빈민에게 대부하여 조적**을 행하였으니, 의창은 그 후 전국적 확장을 따라 상평창과 함께 고려 황정상 중요한 효력을 발휘했다. 그러나 그것이 말엽에 와서는 관곡의 부족과 의창 자체의 이대화利貸化로 인하여 그 운용은 사람을 얻지 못한 동시에 허명虛名과 민폐만 남겼다.

다음 이조에 들어오면 국가 창고의 각종 곡물을 들어 비황의 자資에 충당하되, 그 반수는 거치하고 반수는 매년 민간에 대부하여 이듬해 가을에 환납하게 하니, 이것이 정례가 되고 환곡의 명칭이 되었다.

세종대왕 원년 교서敎書의 일절은 다음과 같다.

---

* 흑창을 이창이라고 읽으면서 '이민의 공동 저축과 공동 진대'를 담당하는 창고라고 해석했는데, 사료의 근거는 없다.
** 원문에는 '조조糶糶'라고 오기했다.

백성은 나라의 근본이고 식량은 백성의 하늘이다. 물, 가뭄, 바람, 우박의 재해로 인하여 해마다 잇달아 흉년이 들어 항산이 있는 자까지도 굶주림을 면하지 못하기 때문에 이에 호조에 명하여 환곡의 예로 창고의 곡식을 내어 진제하도록 했다.

民惟邦本. 食爲民天. 此因水旱風雹之災, 連年凶歉, 王於有恒産者, 亦未免飢餓. 故, 爰命戶曹, 定爲還穀之例. 亦直*發倉賑濟.

◉ **상평창**常平倉

앞서 언급한 상평청은 관청의 기구로서 본 것이고, 상평창은 창제로서 본 것이다. 상평창은 즉 상평청이며 별개물이 아니다. 《경국대전》〈호전〉 '상평창'에

서울과 지방에 상평창을 두어 곡물이 귀하면 가격을 올려 포를 사들이고, 곡물이 흔하면 가격을 내려 포를 판다.

京·外置 常平倉 穀貴, 則增價以貿布 穀賤, 則減價以賣布.

라고 하였으니, 경도京都와 외지外地를 묻지 않고 일제히 상평창을 설치하였던 것이나, 상평청은 상평창의 청사로서 경도에 특설되었다.

원래 상평창은 한의 태수 경수창耿壽昌이 시행한 옛 제도(古制)였다. 한나라 선제宣帝 때 경수창은 변방 고을에 창고를 쌓고 곡가가 쌀

---

* 《증보문헌비고》(권170 '진휼'1) 원문을 보면 '정위환곡지례 역직定爲還穀之例 亦直'까지는 빠져 있다.

때는 값을 올려 곡식을 구입하고 곡가가 비쌀 때는 값을 낮춰 곡식을 판매하여 항상 평형을 유지하도록 조정에 그 시행을 요청하였으니, 이것이《한서漢書》의 이른바 "곡식이 싸도 농민에게 해를 입히지 않고 비싸도 백성들에게 해를 입히지 않도록 하므로 상평창이라고 이름 했다(使穀賤不傷農 貴不傷民 名曰常平倉)"라는* 구절의 내용이다. 후한의 명제明帝는 상만창常滿倉을 설치하였으며,** 진쯥은 상평창이라 하였고,*** 후위는 비록 상평이라 명칭하지는 않았으나 또한 관사官司로 하여금 사서 쌓아두고(糴貯) 곡가가 비싸지면 출조하였으며,**** 당은 상평서常平署를 두어 식량(倉糧), 관약管鑰〔궁전이나 성을 잠그는 자물쇠〕, 출납出納, 적조糴糶를 장악하게 하였고, 송·명·청 역대 왕조는 모두 이 제도를 답습했다.

고려 개국 초에 황정이 구체화되면서 의창과 함께 상평창제를 채용하였으니, 조선 황정사상 획기적 기록이다. 고려 성종은 의창제를 발표한 지 8년 만에, 즉 즉위 12년에 양경兩京 12목, 다시 말해 개경과 서경(평양)을 위시하여 경주, 충주, 청주, 공주, 진주, 상주, 전주, 나주, 해주 등 지방 도시까지 상평창을 설치하였으니, 각 주와 군에 산재한

---

* 여기서 백성(民)은 사공상土工商을 가리킨다(《한서》 권24하 〈식화지〉4하).
** 후한 명제 영평 5년에 몇 년간 계속해서 풍년이 들자 '상만창'을 만들고 성동에 속시粟市를 세워 조(粟) 1곡斛의 가격을 30전으로 했다(《진서晉書》 권26 〈식화지〉).
*** 진晉 무제 4년에 상평창을 세워 풍년에는 곡물을 수매하고 흉년에는 매출하여 백성을 이롭게 했다(《진서》 권25 〈식화지〉).
**** 《통전通典》 권26 〈직관職官〉8, 제경중제경卿中, 태부경太府卿, 상평서常平署 "後魏太和中, 雖不名曰常平, 亦各令官司糴貯, 俟則出糶".《위서魏書》에도 비슷한 내용이 여러 군데 보이지만(《위서》 권62 '이표전李彪傳',《위서》 권111 〈식화지〉), 최익한은《통전》을 인용한 것으로 보인다.

의창에 비하면 그 존재가 희소하나, 어쨌든 상평창은 의창과 함께 고려시대에 자연 경제의 특수적 임무를 분담하였던 것이다. 성종의 상평창 설치에 관한 교서에 따르면, 왕은 한漢의 〈식화지〉에 이른바 천승지국千乘之國이 천금千金(一金＝一斤)의 값으로서 한 해의 풍흉을 따라 적조糴糶를 행한 예를 인용하되, 천금으로써 시가에 준하면 일금이 베 640필에 해당하므로 천금은 포 64만 필이며, 이것을 쌀로 환산하면 베 5필＝쌀 1석이므로 64만 필은 결국 쌀 12만 8000석에 해당한다. 이것의 절반인 6만 4000석 중에 5000석은 먼저 상경上京(개경)의 경시서경市署〔고려시대에 개경의 시전市廛을 관리·감독하던 관청〕에 저축하여 대부시大府寺〔고려시대에 궁중에 필요한 재화를 관리하고 공급하던 관청〕 사헌부司憲府*로 하여금 출납을 맡게 하고 잔액 5만 9000석은 서경西京과 주·군 15개소에 나누어 저치하여 서경의 몫은 분사사헌부分司司憲府로 하여금, 주·군의 몫은 각기 지방관으로 하여금 관리하게 하여서 구황·구빈의 물자에 충용하게 했다(《고려사》).

 그리하여 고려는 종래 창고를 내어 진휼하는 고식적 대책을 버리고 당시 봉건 경제의 교환수단의 일종인 베로써 국민의 식량 조절과 황겸荒歉 방비에 경륜을 다했다. 즉 상평창은 상술한 경로로 설치되어 풍년에는 고가에 곡물을 매입, 집적하고 흉년에는 염가로 곡물을 발매, 방산放散하여 농량과 종자를 저축하고 인민의 낭비를 방어하며 흥황의 불의를 예비하는 동시에 곡가의 평형 상태를 유지했던 것이다.

---

* 《만기요람萬機要覽》에서는 사헌대라고 했다(〈財用編四〉 宣惠廳各項事例 附 均, 常, 賑合廳).

그 뒤 봉건 경제의 필연적 모순과 역대 정치의 불가피한 상승 및 하강에 따라 상평의 출납(糶糴)은 많은 폐해를 파생하게 되었으니, 고려 중엽 이후로 상평 제도는 유명무실해졌다. 그러나 의창과 상평창의 본래 의의만은 고려조의 역사가 종막에 가까워질수록 봉건 경제를 다시 수정하는 과정에서 필연적으로 요구되고 고조되었다. 창왕 원년에 양광도˙ 관찰사 성석린成石磷은 금후 주·군에 의창을 다시 설치할 것을 아뢰어 요청하였으며, 또 같은 해인 공양왕 원년에 대사헌 조준 등은 구황 대책으로서 상평창 복설을 상소하여 요청하였으니, 이는 무엇을 의미하는 것인가. 당시 여말 중류 계급에 속한 양반 일파가 이태조의 정치적 단행력을 배경으로 하여 종래 상류 계급의 세습적 사전私田과 특권적 억탈을 혁파한 나머지의 응분의 축적을 민심을 거두어 잡는 데 합리적으로 이용하려는 경제 정책이었던 것이다. 그리하여 이조의 의창, 상평창은 고려조의 이름(名義) 아래 벌써 이조의 공고한 기초를 쌓아 얻었던 것이다.

이조의 본격적 역사가 전개되는 세종 3년에는 의창곡의 상환償還을 기민飢民에게 강징하지 말 것을 분부하였고, 세조(3년)는 진휼사賑恤使 한명회韓明澮의 요청에 따라 '나라를 이롭게 하고 백성들을 편안하게 하는(利國便民)' 좋은 정책으로서 상평곡常平穀 출납(糶糴)의 실행을 제도諸道 관찰사에게 지령했다. 이조의 상평 정책 역시 고려조의 것과 질적으로 하등 다름이 없고 실행의 영역에서는 더욱 광범위하고

˙ 고려시대의 행정구역인 5도의 하나. 경기도 남부, 강원도 일부, 충청남북도 대부분을 포괄한다.

더욱 확대되어 종래 출납(糶糴)의 수량이 환곡에 표시된 것을 보면 실로 놀랄 만했다. 이조는 《경국대전》 규정과 같이 경외에 모두 상평창을 설치하였고, 그 기본미인 곡물 이외에 포목을 가하여 곡포穀布 조절을 병행하여 국민의 의식상 평형을 취하였던 것이다.

그러나 이도 시설이 오래되면서 관리가 산만하여 왕왕 다른 용도에 충용되고 혹은 병화兵火에 소실되어 다시 수습하지 못할 지경에 이르렀다. 그리하여 인조는 드디어 이것을 폐지하고 남은 재물은 진휼청의 물자로 정리했다(《국조보감國朝寶鑑》).

> 13년 봄에 상평청을 혁파했다. 호조판서 최명길의 말을 따른 것이다. 왕이, 기민 구제 물자는 달리 전용해서는 안 된다 하여 본청에서 다른 물화로 쌀을 사 저장해두었다가 후일 기민을 먹이는 데 쓰도록 하고 그 수량을 적어 아뢰어 함부로 다른 곳에 쓰지 못하게 했다.
> 十三年春 罷常平廳. 從戶曹判書崔鳴吉之言也. 上, 以飢民賑救之資, 不宣他用. 以本廳貨留米, 儲置, 爲他日賑資. 書啓其數. 俾不得擅用.•

상평청은 인조 때 혁파되었으나, 이는 선혜청과 진휼청의 합설에 따라 상평청 관인官人을 별도 설치하는 것을 폐지한 것이고, 관사官司의 이름만은 그 후에도 의연히 존속되었던 것이다. 정다산의 《경세유

• 《국조보감》 제35권 인조조 2 인조 13년(을해, 1635) 2월조에 속한다. 최익한은 '13년 봄'이라고 썼으나 원문에는 '2월'로 나와 있다.

표經世遺表》권1 '상평창'*에는 이렇게 실려 있다.

> 생각건대, 선혜청 안에 상평청과 진휼청이라는 것이 있는데, 상평청은 국초에 설치한 것으로 지금은 그 명칭만 남았을 뿐이다. 여러 도의 환자 곡식이 처음에는 모두 상평과 진휼 두 청의 곡식이었으나, 그 모곡이 불리한 것이 있다는 이유로 담당 관청의 신하가 그 양을 해마다 줄이고 달마다 깎아버렸다. 지금은 지방 고을에 상평청과 진휼청 곡식이 많은 곳은 3~4석, 적은 곳은 3~4두여서 구차스럽게 이름만 남아 존양存羊** 하는 뜻을 담고 있을 뿐이다.
>
> 臣, 謹案, 宣惠廳中, 有所謂常平廳, 賑恤廳, 常平廳者. 國初之所設. 今其名, 徒存耳, 諸道還上之穀, 原初 皆是常賑二廳之穀. 以其耗穀 有不利, 故, 有司之臣, 歲減月削. 今 外邑常賑侈穀, 多者 三四石, 小者 三四斗. 苟存其名. 以寓存羊之義.

◉ **사창**社倉

사창은 의창, 상평창과 함께 지난날 3창三倉으로서 동양 황정사상 손꼽히는 제도였다. 그러나 사창은 의창과 내용이 거의 동일할 뿐 아니라 기원에서도 전자는 후자의 일종의 보급적 형태라 할 수 있다.

---

* 정확하게는 '상평창'이 아니라 《경세유표》 권1 〈지관호조地官戶曹〉 '제2교관지속敎官之屬' 안에 상평사常平司라는 기구를 구상하였고, 그 속에 담겨 있는 구절이다.

** 구례를 버리지 않고 그대로 두는 일. 노문공魯文公이 종묘에 삭일을 고유하는 제사에 참석하지 않으므로 자공이 그 제사에 소용되는 양마저 없애려고 하니, 공자가 "사賜야, 너는 그 양을 아끼느냐? 나는 그 예를 아끼노라"(《논어論語》〈팔일八佾〉)라고 한 데서 나왔다.

남송의 주자는 장손평長孫平〔중국 수나라 때 탁지상서度支尙書를 지낸 인물〕의 의창제와 왕안석王安石의 청묘법靑苗法*을 참작하여 소거所居 남송의 숭안현 오부리에서 관부官府 이속移粟을 청유請留하여 사창 설립을 주창했으니, 이것이 사창의 본격적인 기원이다. 남송의 효종孝宗은 주자의 건의에 따라 각지에 사창법을 시행했고, 이후 원대元代에는 의창을 설립하여 사창의 방법을 행했으며, 명대明代에는 예비창豫備倉과 함께 사창을 많이 세워 이용했고, 청조淸朝에도 순치제順治帝〔청의 3대 황제〕 이래로 사창을 설립하여 활용을 장려하는 동시에 곡식 축적의 다과에 따라 관계있는 관리의 공로와 죄과를 판정했다.

사창법은 주자의 저서에 실려 조선에 수입되었고, 또 여말 이후 주자학의 발흥에 따라 이 법이 유학적 행정의 중요한 전범이 되지 않을 수 없었다. 여말까지는 아직 사창이 문제되지 않았다가 이조에 들어와서 어느 지방관이 관비官費로 본떠 설치(模設)한 적이 있었으며, 또 뜻있는 학자가 사창법에 유사한 것을 설립한 적도 있었다.

그러다가 숙종 10년(1684)에 좌승지 이단하李端夏**의 건의에 따라 상세하게 조사한 다음, 사창절목社倉節目을 제정하여 각 도에 반포하였으니, 그 요령은 다음과 같다.***

---

* 중국 북송 신종神宗 때 왕안석의 신법新法의 일환으로 실시된 농민에 대한 저리低利 금융 정책.
** 이단하(1625~1689)는 조선시대 사창제를 건의한 대표적인 인물로 여기에 관해서는 다음과 같은 논문들이 있다.
김준석,〈畏齋 李端夏의 時局觀과 社倉論〉,《論文集》제16집, 한남대학교 1986.
양진석,〈17세기 후반 李端夏의 社倉制 實施論〉,《韓國文化》20 서울대학교 한국문화연구소, 1998.
*** 정확한 근거를 알 수 없다. 이때 이단하가 올린 사창절목은 이 책 121쪽 참조.

① 이민里民은 백호百戶를 일사一社로 하고 사창을 설립할 것.

② 사창은 사민社民의 공동 저곡으로 할 것.

③ 사창은 토교土窖로 하되, 사민이 공동 출력하여 마을 사람(里內人)이 가장 많은 장소에 축조할 것.

④ 사민은 매년 응분의 곡물을 갹출하여 사창에 수납, 저장(納貯)할 것.

⑤ 사창곡은 매년 그 반분은 사창에 거치하고 반분은 춘계에 사창에 환급하고 거치 곡물은 매년 새 곡식으로 바꾸어 저치할 것.

⑥ 거치곡은 형편에 따라 사내 빈민에게 대부하되, 이식은 연 2푼으로 할 것.

⑦ 대부를 받은 자가 재해를 입거나 유망하여 회수의 길이 없는 때에는 사민이 이것을 분담하여 원본을 보충해둘 것.

⑧ 사社에는 사수社首와 검교檢校를 두되 민선民選으로 할 것. 사수는 사의 일을 관리하고 검교는 창사倉舍 보전과 서기를 맡을 것.

⑨ 사창은 지방관의 감독을 받고 호조에 관속管屬할 것.

이것이 사창절목의 개략이다.

종래 비황 시설은 주로 의창 환곡 제도에 따라 관곡을 민간에 대부하고 이식을 첨가해 회수하였으며, 지방관의 직접 관리에 전속하였으므로 출납의 번잡에 따라 이서들이 강제 수탈하는 폐해가 적지 않았을 뿐 아니라, 만일 흉년이 들면 회수책의 가혹함은 말할 수 없이 인민에게 중압이 되지 않을 수 없었다. 동시에 토호향권土豪鄕權이 그 기회를 농단하여 고리대를 자행하는 폐해가 또한 심했다. 이에 반하여 사창법은 인민의 공동 저축에 의하여 상호 구제하며 연대적 책임을 갖고 자치적으로 관리하니 제도의 민중적인 것과 운용의 점에서는 종래 제도에 비하여 진보적 양법良法이라고 하지 않을 수 없다.

당시 비황 행정에 대하여 사창의 필요를 역설한 이조판서 박세채朴世采의 상소는 이러하다.

> 사창이란 황정에 대비하고 굶주린 백성을 구제하는 것입니다. 대개 이른바 조적이라고 하는 것은 관청에서 거두고 내어주는 것으로, 진실로 국가의 떳떳한 제도인데, 왕왕 관리를 제대로 얻지 못하여 백성이 힘입지 못하는 경우가 많습니다. 이 법은, 곡식은 관에서 받고 법은 향鄕에서 정하며 사인士人이 맡아서 출납을 공평하게 하면 흉년을 만나더라도 백성이 양식을 거르는 일이 없을 것입니다. 진실로 조심성 있게 잘 행하면 오래가도 반드시 폐단이 없을 것입니다. 지금 마땅히 일체 주자의 성설成說에 따라 사민으로 하여금 각각 재해를 구제하고 이웃을 구호하여 굶주려 구렁에 빠져 죽는 근심을 면하게 해야 할 것입니다.
>
> 社倉者, 所以備荒政而濟飢民. 盖所謂糶糴者, 自官*歛散, 固爲國家之常制. 往往 吏不得人. 民多無賴. 惟此法, 穀受於官. 制定於鄕. 掌以士人. 出納平均. 雖遇歉歲, 民無缺食. 苟能謹以行之. 久必無弊. 今當一依朱子成說. 使士民 各得以救災恤. 免隣於塡壑之患.

또 이단하의 사창 논소論疏는 사창제의 처음과 끝(源委)과 당시 비

---

* 원문에는 官을 間으로 잘못 기재했다.

황 행정의 진상을 설파하였으므로 독자의 참고를 위하여 전문을 옮겨 적는다(앞의 책, '진휼'2에 의함).

숙종 10년(1684) 이단하가 사창을 논한 상소를 올렸는데, 대략 이르기를 "수隋 문제文帝[수나라 초대 황제 양견] 개황開皇 5년(585)에 탁지상서 장손평이《주관周官》의 여러 가지 저축하는 법을 아뢰어서, 여러 고을 백성과 군인에게 명령을 내려 당사當社에 함께 의창을 세워 곡식을 수확하는 날에 속맥粟麥을 내어 저장하고 곧 사사社司에게 맡겨 매년 거두어 모은 것을 검사, 대조하게 하여(檢校) 당사에 굶주린 사람이 있으면 곧 이 곡식으로 진급賑給하게 하소서' 하였는데, 이로부터 주와 현의 저축이 많아졌습니다. 16년(596)에 이르러 조칙을 내리기를 '북방 경계의 여러 고을은 여타의 곳과는 다르다. 사창을 아울러 해당 고을에 안치하는 것은 반드시 변방의 군량을 주·현에 저축하지 않을 수 없기 때문이다'라고 하였는데, 수 문제가 백성들을 풍요롭게 만든 것은 대개 이 방법을 썼기 때문입니다. 이 일은《문헌통고文獻通考》●에 자세히 기재되어 있는데, 주자朱子가 또《강목綱目》을 편찬하면서 호씨胡氏의 사평(史斷)을 아울러 기재하기를 '굶주림을 구휼하는 데는 사람들과 가까이하는 것보다 더 긴요한 것이 없는데, 수나라에서는 당사當社에 창고를 설치하였으니 굶주린 백성이 먹을 것을 얻는 일이 잘 이루어졌다. 후세에는 의창의 이름이 그대로 있으나 창고를 주·군에 두었기 때문에 한번 흉년이 들면 공문서가 왕복하느라(文移) 나누어주는 데 어려움이 있으며, 임

● 중국 원나라 때 마단림馬端臨이 펴낸 책으로, 중국의 고대부터 남송까지의 제도와 문물을 정리했다.

무를 맡은(監臨) 서리胥吏가 서로 침탈하므로 혜택을 받는 자는 성곽에서 가까워 스스로의 힘으로 관청에 상달할 수 있는 사람뿐이다. 반드시 미리 준비하여 흉년의 근심이 없게 하려면 마땅히 수씨隋氏〔수나라를 가리킴〕를 법으로 삼아야 할 것이다'라고 했습니다.

당나라 제도는 흉년이 들면 사창이 있어 여기에서 진급賑給하는데, 부족한 경우에는 백성을 옮겨 창倉에 나아가게 하며, 여러 고을에 또 상평창을 설치하여 상평창과 사창이 공사公私가 서로 구제하는 법이 되었는데, 사창은 의창이라고도 합니다. 그런데 고종高宗 이후로는 차츰 의창의 것을 빌려서 다른 것을 준비하도록 지급했습니다.

송나라 태조 건덕乾德 원년(963)에 조칙을 내리기를 '사변이 많은 뒤로 의창이 점차 폐지되어 조금만 흉년이 들어도 미리 준비하는 일을 할 수가 없으니 마땅히 제주諸州와 속현屬縣으로 하여금 각각 의창을 두어 백성이 의창 곡식을 빌리려 하면 주·현에서 즉시 지급하고 아뢰게 하며, 의창이 부족하여 마땅히 관의 창고의 곡식을 내어야 할 경우에는 상주上奏하여 회보回報를 기다리도록 하라'라고 했습니다. 그 뒤 의창을 혹 복설하기도 하고 혹 폐지하기도 하였는데, 모두 현縣에 두었습니다. 인종仁宗 경력慶曆 초*에 가암賈黯**이 또 민사民社에 의창을 세우기를 청하였으나 실행되지 못하였고, 남쪽으로 건너간 뒤***에 이르러 주자가 비

---

* 송나라 인종의 경력 연간은 1041~1048년이다.
** 가암(1022~1065)은 송나라 관리로, 인종 6년(1046) 진사 시험에 합격하였으며 장작감승將作監丞과 양주통판襄州通判, 좌사낭중左司郎中, 권지개봉부權知開封府에 올랐다. 영종英宗이 즉위하자 중서사인中書舍人으로 옮기고, 황제의 명령으로 《인종실록》을 편찬했다.
*** 금에 밀려 양자강 남쪽으로 내려간 뒤인 남송 때를 말한다.

로소 사창을 세울 의논을 제기하였는데, 자기가 사는 숭안현崇安縣 오부리五夫里*에 관부官府를 두고 곡식을 옮겨서 의창을 만들기를 청했습니다. 사대부로서 시골에 살면서 이를 모방하여 행하는 자가 많아 혹 사사로이 곡식을 모으기도 하고 혹 관곡을 빌리기도 하고 혹 의로운 이(義士)가 사사로이 지닌 곡식을 기부하여 설치하기도 하였는데, 주자가 이 모두를 위하여 기문記文을 지었고 또 말하기를 '이는 성주成周[주나라가 융성했을 때를 가리킴] 때 흉년에 대비해 곡식을 비축하던 법이며 수·당 때 있었던 의름義廩[의창을 가리킴]의 남아 있는 제도다'라고 했습니다. 그리고 조정에 청하여 그 법을 제도諸道에 반포하게 해서 모두 쌀을 대여하여 창고를 설치하고 이식을 취하여 10분分[곧 원곡에 해당하는 양]에 이른 연후에 돌려주게 하였으니, 이것이 사창의 전말입니다.

우리나라 주·현에도 모두 창고가 있어 조적을 시행했는데, 이것은 수나라의 북쪽 지역과 송나라의 현창縣倉 제도를 모방한 것이며, 사창은 일찍이 설치한 적이 없었습니다. 벽촌의 백성들은 모두 관청의 조적을 바라게 되었으니, 호씨胡氏가 이른바 '나누어주는 것이 어렵고 서리가 침해한다'는 것이 어디에서나 모두 그러했습니다. 다행히 예전부터 부호富戶가 식리하는 곡식이 마을마다 있어 백성이 차라리 부호의 10분의 5인 이식의 사채를 쓰려 할지언정 관청곡을 받으려는 경우가 적었습니다. 수십 년 이래로부터 주·현에서 사채를 강제로 막고 이를 빼앗아 굶주린 백성에게 주고 도로 받으려 하면 형벌의 화禍에 빠지게 되므로 이로 말미암아 부호가 다시 곡식을 늘리지 않게 되었습니다. 따라서 온 나

---

* 주자의 고향으로 복건성에 있다.

라의 농촌과 민간에 사적인 저장이 모두 없어졌으므로 굶주린 백성이 마지못하여 오로지 공곡公穀만 받게 되었는데, 받고 바치는 과정에 침해로 허비되는 것이 도리어 사채보다 더하고, 형장刑杖의 독촉이 각박하고 급박하게 뒤따르니, 백성의 곤궁함이 예전보다 심한 것은 진실로 이에 말미암은 것입니다. 관곡을 봄·여름을 당하여 절반을 창고에 남겨두라는 영令이 있어도 이를 준수하지 못하고 마침내 창고를 다 비워 없애는 데 이르는 것은 또한 민간에 사적인 저장이 없어 서로 구제할 수 없기 때문입니다.

주자가 말하기를 '산골의 소민들이 저장할 곡식이 없으므로 풍년이 든 해일지라도 햇곡식과 묵은 곡식이 서로 잇대어 가지 못하므로 갑절의 이식을 내고 부호에게 빌려서 먹고 있으니, 사창은 요행을 억제하고 저축을 넓힐 수가 있다'라고 하였으니, 이른바 요행이란 것은 바로 갑절의 이식을 말합니다.

금세今世에 이미 민간으로 하여금 사적인 저장을 흔적도 없이 만들어놓고서 또 사창도 설치하지 않았습니다. 소민小民은 먼 앞일을 생각하지 않으므로 추수한 뒤에는 또한 아침저녁을 절약하지 않고, 기타 낭비하는 일에 대해 궁민들은 있고 없음을 헤아리지 않고 재력이 다한 뒤에야 그만둡니다. 그리하여 봄·여름 사이에는 먹을 것이 없어 허둥지둥하면서 모두 굶주려 죽는 데 빠지게 되니, 이것이 습속의 폐단이지마는 또한 위에 있는 사람이 제어하고 인도하는 데에 실책이 있기 때문인 것입니다. 부호富戶가 이익을 독점하는 것이 요행이 된다고 하더라도 그들이 부유해진 것은 당초 허비를 아껴서 이룬 것이기 때문에 이미 부유해진 뒤에도 함부로 쓰지 않습니다. 따라서 한 마을에 부호가 있으면 그 마을의 추수한 곡식의 태반이 부호의 창고 안에 쌓여 낭비가 되지 않게 되고 봄·여름에 다시 받아서 연명하게 됩니다. 오직 이 사창은 사私 가운데 공소이고 또 침탈의 염려와 영리로 재물을 늘린다는 비난(貨殖之誚)*이 없으니 관리로 하여금 착실히 권유하게만 하면 흥행하기가 어렵지 않을 것입니다.

신이 병오년** 가을 시골에 있으면서 마침 주자가 사창에 대해 기록한 것을 보다가 마음에 감동함이 있어서 드디어 같은 마을의 사민과 더불어 사곡私穀을 모아 창고를 설치하고 각 사람이 바친 것은 모두 그 이름을 표시하여 이듬해 여름에 각각 그 곡식으로 나누어주자, 사람들마다 모두 기뻐하면서 말하기를 '이 곡식이 우리 집에 있었다면 이제까지 어찌 남아 있을 리가 있었겠는가?' 하였으니, 용도를 절약하여 급할 때 구제하는 효과를 볼 수 있었습니다. 이식을 취한 것이 갑절에 이른 뒤 본곡은 각 사람에게 되돌려주고 그 이식으로 마을 사람들을 구제하였는데, 이제는 이식이 자못 넉넉하기 때문에 마을에 관청의 환곡을 받는 이가 적으니 백성들이 크게 편리하게 여깁니다.

경신년(숙종 6, 1680)에 신이 경기감사에 임명되어 부임한 지 3일 만에 즉시 영을 내려 사창을 설치하도록 권하였습니다만, 추수기가 되기 전에 신이 갑자기 체직되었기 때문에 각 고을에서 다시 준행하지 않았습니다.

이 일의 이익에 대해 신이 자세히 따져보겠습니다. 사창의 10분 2 이식

---

* 원문에는 '초誚'를 '청請'으로 잘못 기재했다.
** 현종 7년(1666)을 가리킨다.

은 관청의 환곡에 비하면 1분이 더하지만 사채에 비하면 3분이나 덜합니다. 이식을 거두는 것이 치우치지 않아 이익은 있으면서 요행이 없으니, 이것이 첫 번째 이익입니다. 창고를 마을에 설치하게 되므로 가까워서 거두고 받아들이기가 편리하며 또 이서들이 뜻대로 하고 침해하는 폐단이 없으니, 이것이 두 번째 이익입니다. 마을 사람이 사창 보기를 자기 집 창고같이 여기므로 그다지 독촉하지 않아도 스스로 일제히 상환하며 가장 궁곤한 백성이 즉시 갖추어 바치지 못하면 담당 관청이 그 종자를 빼앗아 간수할지라도 원망하지 않는 것은 내년에 폐단 없이 돌려받을 수 있기 때문입니다. 이로써 포흠의 우려가 관청의 환곡 같지 않으니 이것이 세 번째 이익입니다. 민간에 이미 저축이 있으면 관청의 환곡을 적게 받게 되므로 비로소 창고에 남겨둘 수가 있으며, 해가 오래되어 썩고 상할 것이 우려되면 민결에 의거해 나누어주어 개색改色[묵은 곡식을 햇곡으로 바꾸는 일]할 뿐입니다. 따라서 관고官庫의 저축은 항상 남아 있게 되어 없어지는 데 이르지 않을 것이니, 이것이 네 번째 이익입니다. 흉년이 들고 굶주리는 때에도 공사公私에 모두 곡식의 저장이 있게 되니 백성이 사망할 근심이 없으며 혹 변란이 있더라도 군량이 또한 넉넉하니, 이것의 이익 됨을 또 어찌 다 말할 수 있겠습니까?

신이 신해년(현종 12, 1671) 무렵부터 상소로 이 일을 진달하였는데, 묘당에서 그때부터 과연 큰 정책으로 여겨 재력을 내어 설치하기를 권했다면 십수 년 사이에 민간의 저축이 반드시 효과를 크게 보았을 것입니다. 그런데 갑인년(현종 15년, 1674)에야 비로소 사목事目을 반포하였고 또한 그 뒤에 다시 주관하는 사람이 없었던 탓으로 그대로 성취되지 못하고 말았으니, 어찌 한탄할 만한 일이 아니겠습니까?

우리나라에서 선정신先正臣〔이전 시대의 현인인 신하〕이이李珥와 근고近故의 유신儒臣 윤선거尹宣擧가 각각 소재처에 향사鄕社를 설치하였고, 치사신致仕臣〔벼슬을 물러난 신하〕송시열宋時烈도 회덕과 청주 두 곳에 설치하였으니, 그것이 편리하고 유익하다는 것을 신만이 시골의 여러 곳에서 징험하였던 것은 아닙니다. 이제 공곡을 빌려서 나라 안에 두루 설치하기를 청하는 것도 역시 주자가 이미 행한 법에 근본을 둔 것인데, 이미 공곡을 빌려 창고를 설치하였으면 설치한 규모에 따라 사사로이 곡식을 모으는 일을 겸해서 할 수 있으니, 이는 바로 선한 일로 권유하는 방법입니다. 각 고을의 창리倉吏와 고자庫子 등은 항상 조적을 출납하면서 침탈하는 것을 이익으로 삼는데, 이를 각 마을에 나누어주면 그 이익을 잃기 때문에 이들이 가장 싫어합니다. 그리고 수령들 가운데 받들어 행하기를 태만히 하는 자 또한 이서배의 말을 듣고서 이미 성심으로 민간에 효유하지 않고는 행할 수 없다고 하기 때문에 사민 가운데 그것의 편리함을 아는 자들이 새로운 영슈이 있음을 듣고서 시행하려고 할지라도 관리가 먼저 못마땅한 얼굴빛을 보이며 원하는 것을 막아서 못하게 합니다. 이로써 그것이 혹 잘 시행되지 않을 것을 미리 염려하여 애초에 시행하기를 권하지 않을 필요가 있겠습니까? 그것을 잘 권장해 성취시켜 오래 행하고 폐지하지 않도록 하는 것은 또한 조정에서 힘써 주장하고 관리가 잘 지도하는 데 달린 것입니다"라고 했다. 묘당에 내려 품처稟處〔윗사람에게 아뢰고 명령을 받아 일을 처리함〕하게 하니, 묘당에서 회계回啓〔왕의 물음에 대하여 신하들이 심의하여 대답함〕하여 진휼청으로 하여금 시행하게 하고, 이단하에게 구관을 위촉한 다음 사창조목社倉條目을 8도에 반포했다.

요컨대 이조의 사창 설치는 이단하의 주창主唱과 역설에 힘입은 바가 컸던 것이다. 상소에서 보듯 이단하는 현종 12년에 벌써 사창법의 필요성을 조정에 건의하였으며, 그 뒤 진정賑政의 임무와 상주할 기회가 있을 때마다 반복하여 조목조목 진술하였는데, 이때 와서 비로소 진휼청의 시행과 조목의 반하頒下가 있게 되었다. 숙종 10년 3월의 《실록》과 《비변사등록》에 따르면, 예조판서 이단하는 사창절목을 올렸는데, 그 첫 번째는, 대여하는 관곡은 인구 수를 계산하여 평균 분급하되, 만일 호호豪戶가 부당하게 받으면 담당 관청과 호호豪戶를 함께 치죄治罪할 것이며, 두 번째는 사창의 담당 관청이 준행한 지 6년 만에 좋은 성과가 있으면 각 읍이 진휼청에 보고하되, 낭급郎級, 즉 낭관郎官의 위계位階로서 상줄 것이며, 세 번째는 각 읍에 향임 1인을 두어 사창 문서를 관리하게 하되, 그 부지런함과 태만함을 살펴본 후 만일 봉행奉行을 부지런히 하지 않는 자면 가벼울 때에는 향임을 죄주고 무거울 때에는 수령을 죄줄 것 등 무릇 7개조였다.• 왕은 그것을 가하다 했다.

그러나 사창 시설에서 이단하가 전적으로 요망하는 "조정에서 힘써 주장하고 관리가 잘 지도하는(朝廷力主官吏善導)"•• 것은 결국 이론적 단순함이 아니었다. 물론 봉건시대 농민(소·중농 이상)의 근검저축은 장원적莊園的 질서를 유지하고 징세의 성적을 확보하는 유일한 조건이므로 지모와 사려가 깊은 통치 계급은 사창법 같은 제도의 실시에

• 《숙종실록》 숙종 10년 3월 기묘(13일). 7조목 가운데 3개의 조목만 실려 있다.
•• 앞에 인용한 이단하의 상소 마지막 구절에 들어 있다.

많은 노력을 아끼지 않았을 것이다. 그러나 당시 경제 성격의 자기모순과 기호적騎虎的*현실은 그들의 이론적 결과를 용이하게 제공치 않았다. 그것은 사창법이 물정에 어둡거나 또는 인민의 무자각에 원인한 것이 결코 아니며, 또는 논자의 말과 같이 출납하면서 침탈을 일삼는 창리·고자의 반대적 책동이 중심 기축으로 작용했던 것도 아니다. 그것은 무엇보다도 당시 봉건 경제의 기생적 기구가 상평, 진휼 양 청廳의 환곡 제도를 관조官糶, 공조公糶의 대규모적 이대利貸 방법으로 전향시키는 동시에, 이에 온순하게 따르지 않는 여타의 방법은 음적, 양적으로 배제한 까닭이었다. 이리하여 그 후 조정의 독려가 가끔 있었는데도 사창법 실시가 지방에까지 보급되지 못하고 그 뒤 100여 년간 환곡 출납의 관폐는 계속되었다.

고종 32년(을미, 1895)에 이르면 종래 국유였던 환곡을 각 면에 내려보내 이것을 기금으로 하여 사창을 경영하게 하고 사환조례社還條例를 발포했다. 한국 법전 중에서 사환조례의 전문을 그대로 옮겨 기록하면 다음과 같다.

> 사환조례 전문
> 개국 500년 윤5월 28일 탁지부령度支部令 제3호
> 8도 소재 각양 환곡을 사환이라 개칭하여 민으로 하여금 조적하여 모耗를 제하게 하고 지방관이 간섭하지 말게 할 건을 본년 3월 12일에 총리대신

---

* 호랑이를 타고 달리듯이 그만둘 수 없는 형세를 가리킨다.

이 상주하여 재가하심을 경經하기로 이에 사환조례를 아래와 같이 정함.

제1조 사환은 종래 환곡을 각 면에 분치하여 그 면의 공곡을 삼고 궁절窮節 빈민의 진대함을 위함.

제2조 사창을 두는 도리道里〔어떤 곳과 다른 곳 사이의 이수里數 또는 일정한 구간의 거리〕원근을 잘 헤아려 실어서 출납하기에(輸納輸出) 편리하게 하고, 창고를 처음으로 세우는(倉廠創始) 각 면리가 공의에 따라 의정議政하게 함.

제3조 사환에 관한 사건이 본 조례에 규정함이 없는 것은 해당 면리의 공의公議에 의하여 처리하게 하며, 각 면에서 그 면내에 덕망이 뛰어난 자를 5원員씩 선거하여 그중에서 더욱 뛰어난 자를 택하여 임명을 차정함.

제4조 사창에 사수社首 1원과 수창守倉 1원을 공의에 따라(從公) 차정한 후 관할 지방관에게 보고하거든 지방관이 사수 도장 일과一顆를 성급成給하여 빙거憑據〔어떤 사실을 증명할 만한 근거를 댐〕하기 편하게 하고 창고의 장부, 자물쇠는 사수와 수창이 나누어 가져 증감과 마음대로 처리(擅便)함을 얻지 못함.

제5조 사수와 수창은 공의를 거쳐 합당한 지급을 행함.

제6조 사곡은 아래와 같은 방법에 의하여 출납함.

　　겸황歉荒 혹 불우不虞(수환水患, 풍손風損, 한재旱災, 충재蟲災, 질병지류疾病之類)한 해를 당하여 빈민이 자력으로 보존하기 어려운 경우에는 곡식을 민에게 대급하되, 혹 몇 해에 나누어 돌려주거나 혹 해가 가기 전에 돌려주기로 면내 공의를 따라 평년은 일반 인민의 소원에 의하여 춘적추조春糴秋糶함을 일준무원一遵無遠〔지키고 받들어 어기지 않기를 영원히 함)함이 가함.

제7조 매 석에 쌀 5승升씩 잉여를 취하여 사수와 수창의 급료와 기타 잡비 및 '쥐가 먹어서 줄어든 부분(鼠縮)'을 보충하게 함.

제8조 관할 군수가 관리를 별정하여 각 면에 파송하여 사환 관리하는 방법과 출납하는 절제節制를 감독하며 사수로 하여금 필요한 보고서를 조제하게 함이 가함.

제9조 사수가 매년 사곡 출납을 계산하여 공의를 경한 후에 익년 3월까지 한하여 각 면리 인민에게 상세히 유시함.

제10조 인민 중에라도 사환 처치하는 방법에 대하여 적당한 의견이 있거든 군수와 관찰사에게 조목조목 진술함(條陳).

제11조 사곡의 교납交納과 지산支散함을 반드시 일기日期를 예정하여 교납 시에는 가까운 곳에서 먼 곳으로(先近後遠)하고 지산 시에는 먼 곳부터 가까운 곳으로(先遠後近)하여 민을 편하게 하고 또한 한절限節과 억늑抑勒함을 득하지 못함.

제12조 매 리里에 보증 1인씩 두어 사환곡 보존하는 방법을 보위하되, 만일 보保 내內에서 도망하는 자가 있으면 1리가 균배하여 충족하고 사수가 배보식排保式과 청미장請米狀을 대조하여 절차대로 지산하되, 보증이 부실하거나 정폐情弊가 별유한 자는 지급함을 득하지 못함.

제13조 향거鄕居 관원 및 사민士民이 혹 자원 출력하여 본가 미곡을 치창置倉 급대給貸하거나 혹 정부로부터 양출量出 미곡하여 적저積儲 급대하여도 무방함.

제14조 매년 3월 상순에 새 곡식과 묵은 곡식(新陳) 미접未接할 제際를

당하여 지산하고 10월 하순에 납환하되, 수수 시 곡량斛量은 민으로 하여금 자행自行하게 하여 함부로 걷고(濫收) 마음대로 줄이는(擅減) 폐를 영원히 막고(永杜) 배정排定한 일자는 사수가 보정保正에게 고시하고 보정이 인민에게 고시하게 함.

제15조 창 내 가옥과 세간(屋宇什物)을 수창이 항상 관리(照管)하여 훼손 및 차출借出 타용他用함을 금하고, 만일 손실이 되면 수창이 갚으며(備償) 담장을 손질하거나(墻垣蓋葺)과 창고를 보수하는(倉廠修補) 등 일은 각 해 면리로 하여금 윤회輪回 분담하게 함.

제16조 제창諸倉 조적실수糶糴實數를 소상히 성책成冊하여 지방관이 탁지부에 보고함이 가함.

제17조 배보식排保式〔보증이나 원담배분員擔排分의 방식 - 필자〕

본리인호本里人戶를 아래에 실어 보고함.

개국 년 월 일

모리某里 보정保正 성명 화압花押

사수社首 성명 좌하

계개計開

갑호 성명

성명

성명

을호 성명

성명

아래도 이를 모방함. 이상 성명 아래에 해당인의 영업 농업 혹은 상업인지, 원거주인 혹 이래인을 소상히 개록開錄할 일.

제18조 청미장請米狀

모리某里 거(갑 혹 을) 호 성명이 사창미를 빌려 받고 가을 추수를 기다려 건경乾硬한 현미(糙米)로 갚도록(償納) 계료計料하되, 만일 보保 내에 도망호가 있을 경우에는 보내인保內人이 균등하게 나누어 충족하고 감히 어기지 못할 차로 보증함.

개국   년   월   일

모리某里 보증 성명   화압花押

갑호 혹 을호 성명   화압花押

제19조 이 조례는 개국 504년 10월 1일부터 시행함.

이상과 같이 사환조례에 따르면 국고에서 내려준 환곡을 기초로 하여 사창은 면을 단위로 한 자치단체로부터 면민에게 농량, 종자 등의 융통을 도모하는 기관이 되는 동시에 종래 저축적 성질은 제거되었다. 이 사창 제도는 일면으로는 종래 관영환곡의 적폐를 혁파하고 일면으로는 농가 경제의 유효한 제도를 설정했다 할 것이다. 그러나 자연경제의 종막과 화폐경제의 등장에 따라 농가 경제는 필연적으로 금융망의 이대적利貸的 지배에 예속되지 않을 수 없었다.

사환제는 정리되지 못한 채 그대로 있다가 융희* 연간에 이르러 잔존의 미곡이 면·리의 재산이 되고, 사창은 조종을 울린 동시에 새로이 외래 자본의 농촌대農村隊로서 지방금융조합** 제도가 그 터에

---

* 대한제국 마지막 황제 순종의 연호.
** 1907년 5월 대한제국에서 '지방금융조합 규칙'과 '지방금융조합 설립에 관한 건'이 공포되었고, 그해 8월에 광주光州지방금융조합이 설립되었으며, 1910년 6월까지 130개로 늘어났다.

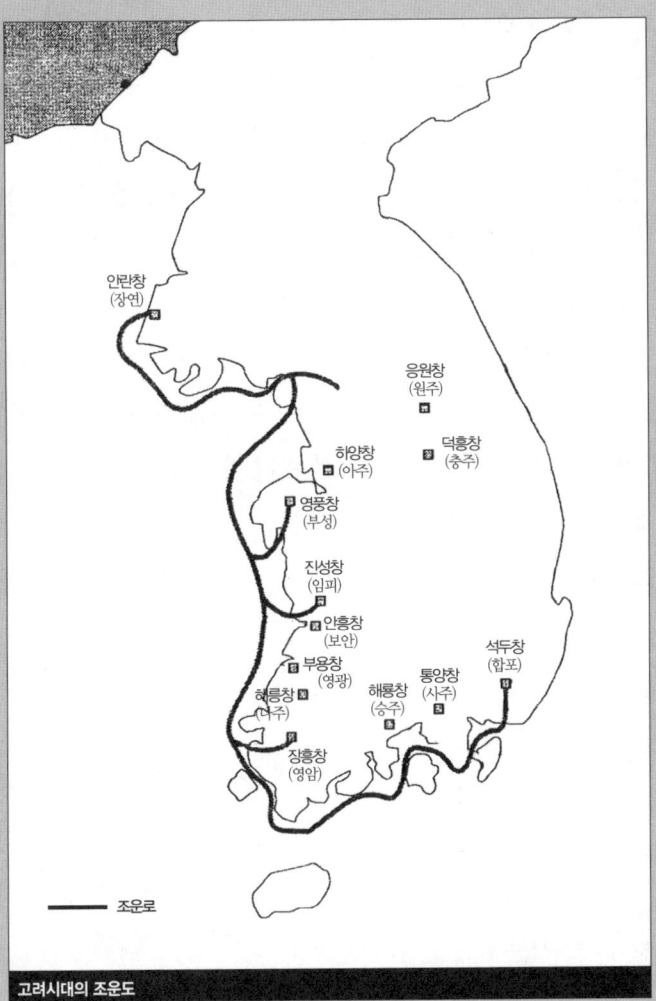

발전했다.

⊙ **교제창**交濟倉, **제민창**濟民倉

　이조는 고려의 일반 창고제도(倉制)를 계승하여 각 군과 읍에는 물론 다수한 군창軍倉, 관고官庫가 산재하였거니와, 조세의 운송과 수납을 목적한 관영 창고는 반드시 조운이 편리한 지점을 가려서 설치했다. 조운에는 출발, 기항寄港, 도착의 3개 지점으로 연락이 되고 출발지와 도착지에는 반드시 창고가 있었다.

　지방의 강안이나 해안에 있는 창고를 기점으로 하여 경성京城, 용산龍山의 중앙 창고에 도달하는 선, 즉 관선官船의 세곡 수송에 관한 통상 항로의 정기선이었으며, 이 선 이외 타 지점으로의 연락선은 동상同上의 임시 항로였다.

　참고로, 조운에 관한 고려 초기의 창고 분포 상태는 다음과 같다.*

　　　충주: 덕흥창德興倉
　　　원주: 흥원창興元倉
　　　아주(아산): 하양창河陽倉
　　　부성(서산): 영풍창永豊倉
　　　보안(부안): 안흥창安興倉
　　　임피臨陂**: 진성창鎭城倉

---

* 《고려사》 권79 〈식화지〉2 '조운'.
** 원문에는 임파臨坡로 잘못 기재되어 있다.

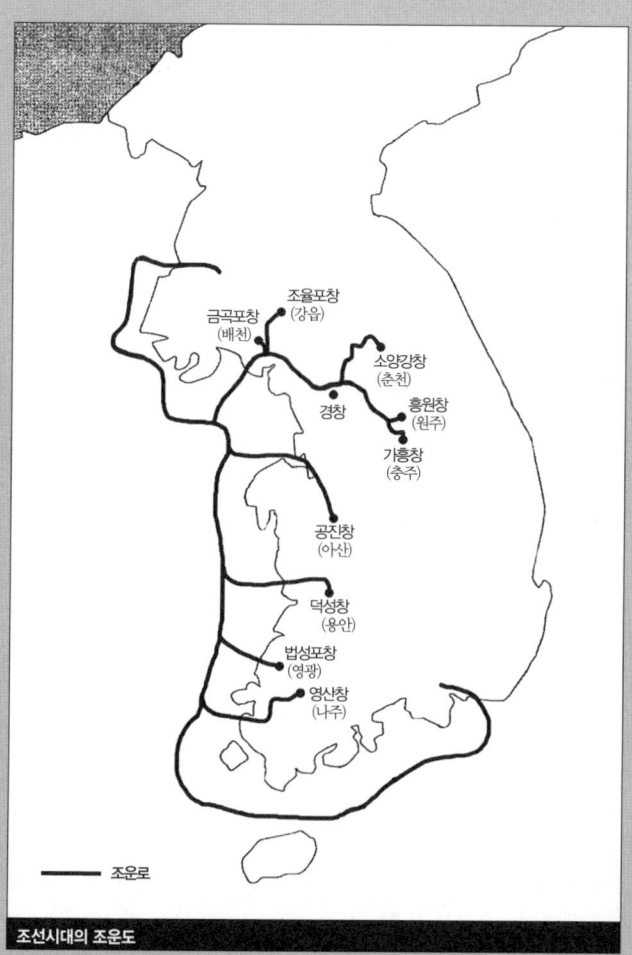

나주: 해릉창海陵倉

영광: 부용창芙蓉倉

영암: 장흥창長興倉

승주(순천): 해룡창海龍倉

사주(사천): 통양창通陽倉

합포: 석두창石頭倉

* 이상은 남도南道 12세창稅倉

장연*: 안란창安瀾倉

다음으로 이조 전후기의 조운에 관한 지방 창고를 《대전회통大典會通》[고종 때 편찬된 법전]에 의하여 조사, 열거하면 다음과 같다.

- 조선 전기에 설치된 창고

아산: 공세곶창貢稅串倉(충청도 전세 수납. 나중에 성당창聖堂倉으로 납입)

충주: 가흥창可興倉(경상도와 충청도 전세 수납. 그 가운데 일부는 덕성창으로 납입)

함열: 덕성창德城倉(전라도 전세 수납. 나중에 성당창으로 고침)

영광: 법성포창法聖浦倉(전라도 전세 수납)

나주: 영산창榮山倉(전라도 전세 수납)

원주: 흥원창興原倉(강원도 전세 수납**)

---

* 서해도에 설치되었다.

** 원문에는 '전수취납田收取納'이라고 기재되었으나 전세 수납으로 고쳐야 맞는다.

춘천: 소양강창昭陽江倉(강원도 전세 수납)

배천*: 금곡포창金谷浦倉(황해도 전세 수납.** 나중에 폐지)

강음***: 조읍포창助邑浦倉(황해도 전세 수납)

- 조선 후기에 설치된 창고

창원: 마산창馬山倉(영남좌조창)

진주: 가산창駕山倉(영남우조창)

밀양: 성당창聖堂倉

옥구: 군산창群山倉

이상 창고에 납입하지 않고 납세지에서 경창京倉에 직접 납입한 지역은 경기도의 여러 읍과 강원도 내의 회양, 금성, 김화, 평강, 이천, 안협, 철원 등이었다.

조운과 창고의 관계는 행정구역 변경과 강과 바다의 형세 경험 및 기타 이유에 따라 다소 이동이 있었다. 순조 때 이만운李萬運이 지은 《만기요람萬機要覽》에 따르면 이조 후기에 이르러 조세와 대동미를 출납하는 지방 창고의 현황은 다음과 같다.

- 호조 소관

전라도: 성당창聖堂倉(세종 10년**** 설치)

---

* 황해도에 속하며 白川으로 쓰고 배천으로 읽는다.
** 원문에는 '전수수납田收收納'이라고 기재되었으나 전세 수납으로 고쳐야 맞는다.
*** 고려 때 개성부였다가 조선 초 강음현으로 황해도에 편입되었고, 1651년(효종 2)에 우봉현과 합쳐 금천군으로 승격되었다.
**** 원문에는 세종 무진년이라고 기재되어 있으나 이는 무신년의 오류다.

전라도: 군산창群山倉(성종 18년 설치)

전라도: 법성창法聖倉(중종 7년 설치)

공충도●: 공진창貢津倉(중종 18년 설치)

- 선혜청 소관

경상도: 마산창馬山倉(영조 36년 설치)

경상도: 위의 속창屬倉(견내량●●에 있음)

경상도: 가산창駕山倉(영조 36년 설치)

경상도: 삼랑창三浪倉(영조 41년 설치)●●●

경상도 각 읍은 이조 초기에 지토선地土船을 건조하여 이것을 경강京江 선인船人에 대여하여 각 읍이 각자 운납하게 하였으나, 후년에 난파가 잦으므로 창고를 설치했다.

다음으로 조세와 기타 미곡을 출납한 경성 창고는 다음과 같다.

군자창軍資倉: 용산. 군수軍需. 태조 때 설치.❖❖

광흥창廣興倉: 와우산❖❖ 아래. 백관百官 봉록俸祿. 태조 때 설치.

● 충청도의 바뀐 이름. 충청도는 청주에서 반란이 일어날 때면 이름이 공충도로 바뀌었다.

●● 원문에는 내견량으로 잘못 기재되어 있다.

●●● 원문에는 속창을 영조 41년, 그리고 가산창과 삼랑창은 설치 연도가 빠졌으나 이는 오류여서 위와 같이 바로잡았다.

❖❖ 정확하게는 태조 원년에 설치했다(《만기요람》〈재용편財用篇〉6 '제창諸倉'). 광흥창, 풍저창, 양현고도 같다.

❖❖ 서울시 서대문구. 조선시대에는 시흥군에 속했다.

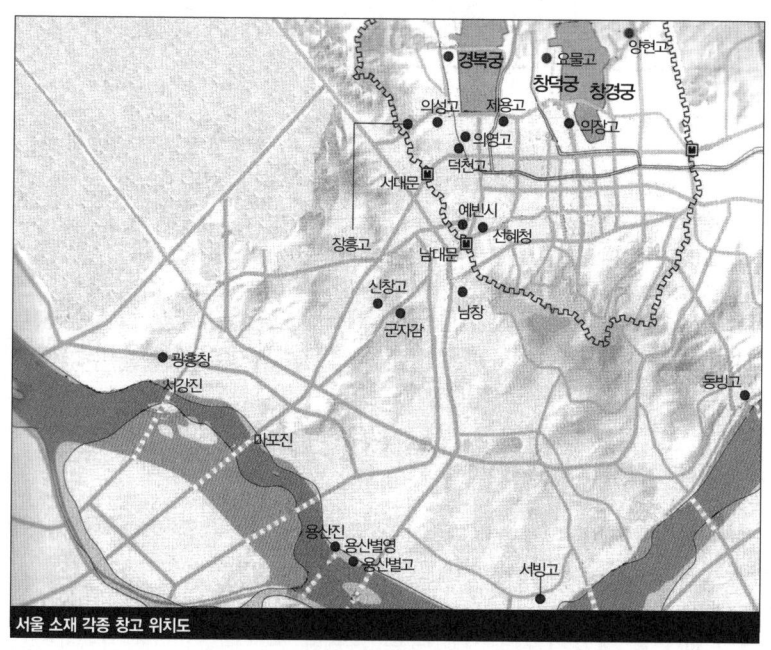

서울 소재 각종 창고 위치도

풍저창豊儲倉: 소재 미상.* 내사內賜 요록料祿, 노인 세찬歲饌, 사신使臣 사미賜米. 태조 때 설치, 뒤에 혁파하고 장흥고長興庫와 합함.

양현고養賢庫: 성균관 내. 관수館需 공급供給. 태조 때 설치.

선혜청 내청고內廳庫: 숭례문 내.** 대동미포大同米布. 인조 2년(1624) 설치, 뒤에 상평창을 합함.***

---

* 《만기요람》에 소재처를 기록하지 않았기에 소재 미상으로 기재한 듯하다. 본창本倉은 한성부 북부 의통방義通坊에 있었고, 창고인 강창江倉은 용산과 서강에 있었다.
** 《만기요람》에 따르면 인경궁 옛터다. 인경궁은 인왕산 밑 사직과 도정궁 뒤에 있는 궁으로, 광해군 때 창건되었다가 인조반정 뒤에 헐렸다고 한다.
*** 정확한 내용은 선조 41년에 먼저 경기청을 두고 상평청에 합쳤다가 선혜청으로 개칭하고, 인조 2년에 강원청에 내청을 영건營建했다고 한다(《만기요람》〈재용편〉6 '제창'). "而宣祖戊申. 先置京畿廳. 倂於常平廳. 改稱宣惠廳. 仁祖甲子. 又置江原廳營建內廳."

2부 조선 구제 제도 발달사 · 133

선혜청 별창고別倉庫: 소의문昭義門 내. 진휼 용품用品. 현종 때 설치.•

　　선혜청 사복시司僕寺 강창고江倉庫: 현석리玄石里. 갱도粳稻, 대두大豆 납품. 영조 때 설치.••

　　훈련도감訓練都監 양향청糧餉廳: 소재 미상.••• 군용미軍用米.

　　상평창常平倉: 비황저축備荒儲畜.

　앞에 서술한 여러 창은 직접 관계는 없으나 조운과 창고의 밀접한 관계를 적어 보여(記示) 이조 설창設倉의 위치적 이론을 보이는 동시에, 본 문제인 교제交濟·제민濟民 창의 설치 지점에 대해서도 예추적例推的 이해를 돕게 하려는 것이다. 이조의 진정賑政에서 창고를 내어 이속移粟하는 방법은 또한 앞에 서술한 전조田租의 운로運路와 납창納倉을 대부분 이용하였거니와, 그보다도 각 도 환곡의 상호 보조를 위하여 남북 연해와 그 강안에 곡물 운수의 편리한 지점을 가려서 창고를 특설하였으니, 동북의 것은 교제창, 삼남의 것은 제민창이라 했다.

　원래 환곡 제도는 지방의 구획이 있으므로 남북의 풍흉이 상이한 때에는 서로 돕는 융통을 기능으로 하는 관창官倉의 특설이 진정상賑政上 필요한 것이었다. 이 교제, 제민 두 계통(兩界)의 창고는 모두 중앙정부 직영이며, 이른바 이속의 방법으로서 이민移民의 노고를 덜어 버린 것이었다.

• 현종 2년(1661)에 설치했다《만기요람》〈재용편〉6 '제창').

•• 영조 14년(1738)에 설치했다《만기요람》〈재용편〉6 '제창').

••• 저동苧洞에 있었다고 한다《만기요람》〈재용편〉6 '제창').

《속대전》(영조 20년 편) '비황'을 보면

> 각 읍 진휼곡은 매년 힘에 따라 비축하고, 여러 도에서 바다 가까운 곳*에 창고를 설치하고 곡식을 준비하여 이웃 도에서 흉황을 맞으면 곡식을 옮겨 구제한다. 더 큰 흉황을 맞으면 별도로 어사를 보내 진휼을 살핀다.
> 各邑賑穀, 每年隨力備儲, 諸道瀕海, 設倉備穀, 遇隣道凶荒, 則轉輸救濟 遇極凶, 則別道御使, 監賑.

라고 하였으며, 또 같은 조의 전수구제轉輸救濟에 관한 규정은 다음과 같다.

> 나리포창은 전라도 임피에 있어 제주 3읍을 구제한다.
> 포항창은 경상도 연일에 있어 강원, 함경 2도를 구제한다.
> 교제창은 함경도 덕원, 고원, 함흥 세 곳에 있어 강원, 경상 2도를 구제한다.

그런데 나리포창은 숙종 때** 진휼청이 공주와 연기의 접경 강을 임한 곳에 설치하여 선척을 많이 두고 무역하여 곡식을 모았더니 경종 2년(1722)에 제주 구제를 위하여 임피에 이설하였으며, 포항창은 영조 8년(1732)에 설치하였고, 교제창은 영조 30년(1737) 덕원, 원산에

---

* 원문에서는 '빈해瀕海'를 '뇌해瀨海'라고 잘못 기재했다.
** 숙종 46년(1720)에 해당한다.

설치해 한도를 정하였으니 교제창의 명칭도 여기서 비롯했다. 그 후 정조는 교제창을 북관北關에도 설치할 것을 명했다.•

삼남 제민창은 영조 39년(1763)에 북도 교제창의 예에 의하여 제민창을 삼남에 설치할 것을 명하였으니 위치와 그 소속은 다음과 같다.

- 영남 제민창

  사천창: 저치한 곡식 6만 석. 소속 읍은 사천 9면, 진주 23면. 매년 3분의 1분급. 3년에 1회 개색改色.

- 호남 제민창

  좌창: 소재지 순천. 저치한 곡식 3만 석. 소속 읍은 순천, 광양, 낙안, 구례, 동복, 곡성, 보성, 흥양, 장흥. 곡식을 분급하는 방법(分糶法)은 위와 같다.

  우창: 소재지 나주. 저치한 곡식 3만 석. 소속 읍은 나주, 남평, 영암, 무안, 광주, 함평. 곡식을 분급하는 방법은 위와 같다.

- 호서 제민창

  비인창庇仁倉: 저치한 곡식은 3만 석. 소속 읍은 비인 4면, 서천 5면, 한산 1면, 남포 1면, 홍산 1면. 곡식을 분급하는 방법은 위와 같다.

• 정조 8년(1784)에 해당한다. 이상은 모두 《증보문헌비고》 권168 〈시적고〉6 '제창'에 의거하여 정리했다.

그 밖에 영조 때 설치한 김해 산산창蒜山倉과 정조 때 설치한 장진 장파창長坡倉* 등도 모두 제민, 교제를 목적으로 한 것이었으나, 더는 자세히 설명하지 않기로 한다.

이조의 구황 실적

위에서, 즉 '이조의 황정 기관'에서는 주로 비황 기관의 시설에 대하여 설명하였는데, 이제 '이조의 구황 실적'에서는 황정 기관의 활동, 즉 구황 행정의 실적을 개략이나마 서술하려 한다. 조선 종래의 구황 기관이 이조에 이르러 더욱 구비되었던 만큼 황정 행정 또한 대규모 실적을 나타내게 된다.

구황 방법은 전곡錢穀 진급을 위시하여 혹은 반죽飯粥을 직접 지어 공급(炊給)하고, 혹은 대용 식물을 지시 장려하고, 혹은 조세나 요역 또는 환곡의 환상을 면제하고, 혹은 종자와 농량을 진대하고, 혹은 곡물 가격을 조절하는 동시에 그 매점買占을 금단하고, 혹은 의연義捐과 기부를 모집하는 등의 일이었다.

다음에 조목조목 약간의 설명을 덧붙이려 한다.

⊙ 진휼賑恤

이는 황정의 일상적인 행사로서 삼국 이래 역사상 가장 자주 보였

---

* 산산창은 영조 20년(1744), 장파창은 정조 9년(1785)에 설치했다(《증보문헌비고》 권168 〈시적고〉 6 '제창').

는데, 창고를 내어 진휼하는 것이 즉 이것이다. 진휼은 식량을 주로 하고 소금,* 장, 옷, 베 등 현품 혹은 금전을 나눠주어 이재민과 빈궁민의 급박한 굶주림과 추위를 구제해주는 것이다. 고려 이후 비황 기관의 충실 정도에 따라 진휼의 혜택이 더욱 광범위해졌거니와, 이조에 들어서 최대 성군인 세종은 즉위 원년에 감사와 수령의 진휼을 독려한 동시에 한 사람의 아사자를 내더라도 죄주고 용서치 않을 것을 엄격히 교시하였다.《경국대전》'비황'에 수령이 진휼 구제에 마음을 쓰지 않아 기민을 사망하게 하거나 또는 그것을 숨겨 보고하지 않을 경우 무거운 죄를 준다 하였으니, 이조 진휼 정책의 정신을 가히 알 수 있다. 그리하여 이조 초엽 단종 2년(1454)에 경기, 관동, 삼남에 기근이 들어 군자창의 묵은 곡식을 내어 진휼하였는데, 그 수량이 23만 곡斛의 다량에 이르렀다.**

    이조 중엽 인조 때 진휼청이 설치된 후 8도 환곡의 이식으로 수입된 모곡은 진휼청이 전관하여 기민 구제의 물자에 충용하였으니, 이로부터 진휼의 일상적인 사례는 일층 보급되었다 재해와 흉황을 당하면 떠돌며 걸식하는 인민은 관부에서 진휼을 베풀 것을 공연히 요구하였으며, 관부도 빈궁민에 대한 조사와 진휼을 빠짐없이 힘써 행했다. 이조 치세라고 일컫는 정조 때 기록에 따르면, 정조 10년(1786)에 전국

---

* 소금과 간장은 진휼에서 매우 중요하다. 그 자체가 식재료이기도 하지만 굶주려 초근목피로 연명할 때 풀에다 소금, 간장을 넣어 달여 먹을 수 있었기 때문이다.《경국대전》에도 비황備荒 방법으로 여러 진鎭에서 수군에게 소금을 굽고 해채海菜를 따서 보고하도록 했다는 기록이 실려 있다《경국대전》〈호전〉'비황').
** 《증보문헌비고》권169 〈시적고〉7 '진휼' 1.

⟨표 1⟩ 지역별 기민 수와 진휼 미곡(정조 10년)

도	기민(구수)	진휼 미곡(석수)	총인구수
경오부京五部	48,485*	4,808(미)	199,127
경기도	178,939	13,444(곡)	637,482
충청도	–	–	864,887
전라도	1,556,439	86,171(곡)	1,221,277
경상도	1,088,287	83,531(곡)	1,588,624
강원도	1,603	994(곡)	325,804
황해도	–	–	564,734
평안도	–	–	1,288,399
함경도	291,588**	26,014(곡)**	666,449
합계	3,274,034	214,962●	7,356,783

* 자료에는 9697호로 기재되었는데 1호 5구로 계산했다.
** 함경도의 경우는 정조 13년 큰 흉년이 들었을 때 구휼한 수치다.

(황해, 평안 양 도는 제외하고)의 기민은 총 327만 4034명이요, 이에 대한 진휼 미곡은 총 21만 4962석이었는데, 같은 해 전국의 총인구 735만 6783명에 비하여 기민 총수는 실로 거의 반수에 달하였으니 당시 조사의 꼼꼼함과 진휼 범위의 광대함을 가히 엿볼 수 있다.

정조 10년의 기민, 진곡과 같은 해 총인구수에 관한 비교는 ⟨표 1⟩과 같다.

앞 표에서 기민의 구수와 진휼 미곡의 석수는 《증보문헌비고》 '진휼' 2에 따르고 총인구수는 같은 책 ⟨호구⟩ 1에 따른 것인데, 경오부京

● 서울 오부는 쌀, 지방은 잡곡을 지급했으므로 합계를 내면서도 합계의 단위는 기재하지 않았다.

정조 때 화성 신풍루에서 진휼을 행하는 모습.

五部에는 굶주리는 호구 수만 기재되었으므로 1호 5구로서 굶주리는 인구수를 필자가 가정해 계산했다.

정조 다음 순조 14년(1814)에는 경기, 삼남에 크게 흉년이 들고 관동, 관북에 또 한 기근이 들어 진휼을 위한 전곡을 여러 도道에 나눠주었으니 지역별 진휼 물품 수는 〈표 2〉와 같다.

그리고 경상, 전라는 삼명일三名日*에 방물方物선膳[각 지방의 토산물로 바치는 음식 재료], 갑주甲冑를 왕에게 올리는 것(封上)을 정지하여 진휼 물자에 충용하게 하고 또 내탕은內帑銀 5000냥, 전 5000냥,

〈표 2〉 지역별 진휼 액수(순조 14년)

지역	곡식(곡斛)	전(냥)
경기도	33,000	–
수원	4,200	–
강화	2,000	–
전라도	7,000	70,000
경상도	250,000	60,000
강원도	7,400	–
함경도	5,700	–
합계	409,300	17,000

* 왕의 탄신일, 정월 초하루, 동지를 이른다.

〈표 3〉 지역별 진휼 액수(고종 13년)

지역	수(단위: 석)
경기도	32,090
충청도	47,859
경상도	114,974
전라도	51,600
광주부	2,000
강화부	500
수원부	500
합계	249,523

단목丹木〔활 만드는 재료, 물감의 원료, 한약재로 쓰이는 나무〕 3000근, 호초〔음식의 양념으로 쓰이는 후추〕 500두斗를 내려 여러 도에 균등하게 지급했다.

이조의 진휼에서는 종래 혜정적惠政的 전통이 말기까지 지속되었다. 고종 13년(1876)에 경기, 삼남이 크게 가물어 기근이 매우 심하거늘 고종은 이를 불쌍히 여기는 교지를 내려 각 도에 설진設賑을 명하고 내탕금 각 1만 냥씩을 경기, 충청, 경상, 전라 4도에 나누어 진구(分賑)했다. 그리고 기근이 매우 심한 고을에는 삭선朔膳,* 명절(節日) 방물물선을 명년 가을까지 올리지 말고 각 전궁殿宮의 삭선과 명절 물선도 일절 올리지 말며 명절 진상 또한 정지하고 면제하게 할뿐더러 대량의 진휼미를 분급하였으니, 지역별 그 쌀 석수는 〈표 3〉과 같다.**

---

* 각 도에서 나는 물건으로 차려서 매달 초하루에 임금께 올리는 수라상.
** 《증보문헌비고》 권170 〈시적고〉8 '진휼' 2.

◉ 시식施食

시식은 진휼 사항 중 특별 구급이다. 흉년과 궁절에 빈민의 개걸, 행려자를 위하여 사원寺院, 역원驛院 및 적당한 장소에 취사장과 식탁을 설비하고 밥과 국, 채소, 죽 등을 직접 베푸는 것이다. 고려조에서는 당시 국도 개성의 개국사와 임진현의 보통원 같은 곳은 문종 이래 상설 시식소로서 구제사상 이름이 높았고, 이조에 들어와서 역시 이 제도를 계승했다. 한성부의 홍제원(서대문 밖), 보제원(동대문 밖) 양 원은 기민 진제장으로 역대에 자주 이용되었고, 사원이나 기타 때와 곳에 따라 시식 설죽設粥 장소를 열었는데, 이는 경도京都에만 한한 것이 아니라 지방에도 진제소를 수시로 분설했다. 예를 들면 세종 4년, 실농한 주·군에는 모두 진제소를 설치하였고, 다음 해에는 제도諸道에 모두 진제소를 설치하였으며, 19년에는 경상, 충청 양 도에 각 3개소와 경기, 전라, 강원 3도에 각 2개소와 대관大官〔큰 고을을 가리키는 듯〕, 중앙 사원에 각기 진제장을 설치하여 기민이 가서 식사할 수 있게 편의를 도모했다. 29년에는 실농한 여러 도 인민의 유이민을 위하여 경중과 외방의 관진關津(육로와 수로가 만나는 요충지의 나루)의 양쪽 기슭(中外關津兩岸)에 진제장을 설치했다.

《증보문헌비고》에 따르면 중종 20년에 기민을 홍제원, 보제원 양 원에서 나누어 진구賑救하게 하고, 부녀에게는 5부로 하여금 인구를 계산하여 쌀을 나누어주게 하였으며, 명종 3년에는 동·서 진제장, 즉 상기 양 원을 베풀고 상평창으로 여러 기민을 구제하되, 사족 과부로서 몸소 걸식하지 않는 자에 한하여 그 집으로 쌀을 하사(賜米)하게 하였으니, 이를 보아도 당시 봉건시대 습속에서 시식장에 직접 출두한

자는 주로 상천 빈민 남녀였던 것을 가히 알 수 있다.

그러나 사족으로서도 기아가 절박하면 시식장에 나가 응하는(出應) 것이 일반적인 예는 아닐지언정 그다지 비난거리는 되지 않았다. 예를 들면 선조 26년(1593)에 의주로 피난했다가 경성으로 돌아와 날마다 올리는 어미御米 6되 중 절반인 3되를 진제장 다섯 곳에 나누어 보내고 또 내탕內帑에서 약 1000석을 내어 승정원으로 하여금 죽을 만들어 기민을 먹일 때 응시 급제자 최계옥崔啓沃은 방방일放榜日〔과거에 급제한 사람에게 합격 증서를 주는 날〕에 어사화御賜花를 머리에 이고 홍패紅牌를 손에 들고 진제장에 나아가 일반 기민과 함께 죽을 먹었다고 한다.**

인조 때 진휼청을 설치해 8도의 모곡耗穀을 전적으로 맡아 관리한 뒤로 시식施食 설죽設粥이 진휼청의 상규常規가 되었다. 그러나 시식 설죽은 인민이 음식을 가까스로 먹기(冒食)보다도 색리色吏의 농간이 더 큰 폐단이었으므로 관부가 주도하는 감시가 필요했다. 현종 12년 송시열의 상소문 한 구절에 따르면, 설죽을 할 때 소읍은 수령이 친히 검사하여 살피므로 함부로 속이는 일이 적지만, 대읍은 관아에서 멀리 떨어진 곳에 죽소粥所를 분설하므로 감색監色들이 기민 수를 거짓으로 늘려 쌀을 그에 준하여 받아서 자기 자신을 살찌우며 또 설비한 죽도 알갱이가 심히 희박하고 게다가 쌀 양이 부족하면 거기에 새로 물을 더하니 죽을 먹고도 오히려 죽는 자가 있는 것은 다 이 때문이라 했다.

이조 현군의 하나인 숙종은 일찍이 별감을 죽소에 보내 기민소에

---

* 《증보문헌비고》 권169 〈시적고〉7 '진휼' 1.
** 최계옥은 선조 27년(1594) 정시庭試에 을과 3등으로 합격했다고 한다. 최계옥에 관한 일은 다음 해에 있었던 것으로 볼 수 있다.

서 먹는 죽을 가져오게 해 친히 검사해보니 죽의 홉·작 수數도 넉넉하고 쌀 알갱이도 빽빽하였으나, 한 번 더 가져와서 검사하였더니 홉·작 수가 전번보다 못할 뿐 아니라 쌀 알갱이도 심히 희박한지라 대왕은 그것이 진휼 본의에 위반된 것이라 노여워하여 동·서 설죽소에 하교하여 신칙했다.

영조 38년(1782) 진휼하는 마른 양식(乾糧)과 설죽하는 방식은 다음과 같다.

- 성인 남성(男壯) (매구매시每口每時): 쌀(米) 2홉 5작
- 성인 여성(女壯) (매구매시): 쌀 2홉
- 남녀 노인(男女老) (매구매시): 쌀 2홉
- 남녀 아동(男女弱) (매구매시): 쌀 1홉 5작

⊙ **구황방문**救荒方文

기근을 당하면 곡물 이외에 대용식물로 산야의 초근목실草根木實을 채취하여 굶주림을 구급하는 것이 빈민의 상례다. 그러나 식물의 성질에 어두운 빈민이 잘못 먹은 결과 왕왕 중독되어 병들어 죽는 폐해가 많으므로 이조는 구황청救荒廳으로 하여금 조사, 연구하여 대용식물로 적당한 것을 선택하고 처방을 편집하여 구황방문을 민간에 반포하게 했다. 이 양방良方을 먼저 고안한 이는 또한 이조의 성군인 세종대왕이며, 편찬한 책은 《구황촬요救荒撮要》다. 명종 9년 진휼청의 계에 이른바 "우리 세종대왕이 《구황벽곡방》을 저술하여 만세에 인생의 명을 구했다(我世宗大王, 著救荒辟穀方 救萬世人生之命)"라고 한 것이

또한 이를 이른다.* 그 뒤 역대 왕은 《구황촬요》를 가끔 간행하여 인민에게 보급했다.

이 구황방은 흉년의 대용물에만 적당한 것이 아니라, 평시에는 이것을 혼용하여 식량미를 절약할 수 있으므로 정부가 이 취지를 장려한 사례 또한 있었던 것이다. 현행 시속에서 좋아하는 구황 처방의 몇 가지 사례를 들면 다음과 같다.

- 물에 달이거나 삶아 즙을 짜서 미속류米粟類와 혼합하여 죽을 만들어 먹는 것: 쑥, 인동초, 명아주(藜), 우엉, 맥동, 우이장牛耳蔣, 구기자, 황정黃精, 질경이, 고사리, 도라지 등.
- 물에 띄워 가루로 제조해서 떡, 적 혹은 죽을 만들어 먹는 것: 칡뿌리, 도토리, 솔잎, 소나무껍질, 느릅나무껍질, 토복령土茯苓, 토사자兎絲子, 창출蒼朮, 백출白朮 등.

⊙ **견감**蠲減

견蠲은 '제거'라는 뜻인데, 《진서晋書》〈간문제기簡文帝紀〉의 "많은 세금과 밀린 빚은 모두 없애다(蠲租宿債, 皆蠲除之)"와 《당서唐書》〈유안전劉晏傳〉의 "보통 해에는 평범하게 걷고 흉년에는 견면하여 구제한다(常歲平歛之, 荒年蠲救之)"와 《원사元史》〈태정제기泰定帝紀〉의 "부렴을 면제하고 적절하게 형벌을 내리며 빈민들에게 진휼하다(蠲賦祥刑,

---

* 세종 때 《구황벽곡방》을 지었고, 명종 때는 여기서 가려 뽑아 《구황촬요》를 간행했다고 한다. 최익한은 《구황벽곡방》을 곧 《구황촬요》라고 보는 듯하다.

賑恤貧民)" 등의 문구는 모두 견蠲 자의 황정 역사상 의의를 선명히 부여한 것이었다. 《원사》〈식화지〉에

> 본래 진휼의 이름에는 두 가지가 있으니, 견면이라고 하는 것은 차세差稅를 면제하는 것으로《주관》'대사도'•에 이른바 "세금을 가볍게 한다"라고 하는 것이다. (……) 그러나 견면에는 은면이 있고 재면이 있다.
> 元賑恤之名, 有二. 曰蠲免者. 免其差稅. 則周官大司徒所謂薄征者也. (……) 然, 蠲免, 有以恩免者. 有以災免者.

라고 하였는데,《고려사》〈식화지〉'진휼'에서도 이를 모방하여 견면蠲免을 은면恩免, 재면災免 2항으로 분류했다. 그러나 이제 본 장에서 취급하려는 것은 이조 재면의 견면이다.

흉년으로 굶주리는 해가 오면 정부는 재난을 당한 곳 인민에게 조·용·조, 즉 전세·호세·요역을 전부 면제하거나 혹은 줄이거나 쪼개며 형편에 따라서는 환곡의 대부貸付까지 혹은 면제하고 혹은 감하여 기한飢寒과 곤궁을 구제하니, 이것이 견감이다. 견감은 진급賑給과 함께 삼국 이래 사례가 역사상 끊임없이 이어졌거니와, 이조에 들어와서 더구나 중엽 이래 견감 정책은 거의 흉년의 일정한 규칙이 되었다.

그러나 성호星湖 이익李瀷은 전조를 견감하여 인민을 구휼하는 것이 정치 요령에 깊은 견해를 가진 것이 아니라고 비평했다. 그의 이론에 따르면 전지를 소유한 후에 전조가 있는 것이니, 전조가 견

• 《주관》은《주례》를 가리킴. 대사도는 지관地官 가운데 우두머리로서 호조판서에 해당한다.

감되면 관직이 있는 자, 즉 토지녹식권土地祿食權이 있는 자는 혜택을 입되 소유지가 없는 빈민들은 아무 얻을 것이 없을 것이다. 왜 그러냐 하면 정전井田 제도가 폐지된 후로 제민齊民, 즉 일반 평민은 전지를 가진 자가 10의 1에서 2도 안 되므로 위에서는 비록 전조 견감의 혜택을 내리더라도 아래서는 여전히 먹을 것이 없고 굶주리니 무슨 이익이 있을 것인가. 전조 견감은 요컨대 위정자가 토지 향유자의 이기적 열망에 순종하여 한갓 국용國用만을 감폐減弊시키는 것이라고 했다(《성호사설유선星湖僿說類選》 권4하 〈인사편人事篇〉6 '치도문治道門'3 견조蠲租).•

성호의 견식이 얼마나 첨예한지 볼 수 있지 않은가. 삼국, 고려, 이조를 막론하고 나라를 세운 초기에는 토지제가 어느 정도 공평하여 겸병, 억탈의 폐해가 심하지 않았으므로 견조의 남은 혜택(餘澤)이 다소 평민층까지 미치기도 했던 것이나, 이 시기를 지나자 형세는 일변했다. 이조에서 견조, 감조減租의 혜정惠政이 초기보다 중엽 이후 일층 빈번한 것은 또한 틀림없이 당시 유전有田 계급의 이면적 활약에서 나온 결과라 할 수 있는 것이다.

◉ 진대賑貸

구황 정책에서 진대는 진급, 시식, 견감 등에 비하여 일보 발전한 정책이다. 조선 황정사상 진대가 처음으로 나타난 것은 고구려 고국천

• 원문에는 《사설僿說》 〈치도문治道門〉이라고 기재했으나 《성호사설》에는 〈인사문〉으로 편제되었고, 안정복이 정리한 《성호사설유선》에서는 〈인사편〉 '치도문'으로 편제되어 있으므로 이를 기재했다.

왕 16년(194)의 일이다. 《삼국사》* 〈고구려본기〉에 따르면 이러하다.

고국천왕 16년 가을 7월에 서리가 내려 곡식을 해쳐서 백성들이 굶주렸으므로 창고를 열어 진급했다. 겨울 10월에 왕은 질양으로 사냥 나갔다가 길에서 앉아 우는 자를 보고 "왜 우느냐?" 하고 물었더니 답하기를 "저는 빈궁하여 항상 품을 팔아 어머니를 봉양하였는데 올해 흉년이 들어 품을 팔 데가 없어 한 되 한 말의 곡식도 얻을 수 없으므로 그래서 우는 것입니다"라고 했다. 왕이 말하기를 "아! 내가 백성의 부모가 되어 백성들을 여기까지 이르게 하였으니 나의 죄다" 하고는 옷과 음식을 주어 위로하고 어루만졌다. 그리고 서울과 지방의 담당 관청에 명하여 홀아비, 과부, 고아, 자식 없는 늙은이, 늙고 병들고 가난하여 스스로 살아갈 수 없는 자들을 널리 찾아 구휼하게 했다. 그리고 담당 관청에 명하여 매년 봄 3월부터 가을 7월에 이르기까지 관곡을 내어 백성의 가구 다소에 따라 차등 있게 진대를 하고, 겨울 10월에 갚게 하는 것을 항례로 삼게 했다. 서울과 지방에서 크게 기뻐했다.

故國川王 十六年. 秋七月, 墮霜殺穀. 民飢. 開倉賑給. 冬十月, 王, 畋于質陽. 路見坐而哭者. 問何以哭爲. 對曰 臣, 貧窮. 常以傭力, 養母. 今歲不登. 無所傭作. 不能得升斗之食. 是以哭耳. 王曰. 嗟乎. 孤, 爲民父母. 使民至於此極. 孤之罪也. 給衣食以存撫之. 仍命內外所司 博問鰥寡孤獨老病貧乏不能自存者. 救恤

* 《삼국사기》를 가리킨다.

之. 命有司. 每年, 自春三月, 至秋七月, 出官穀. 以百姓家口多小, 賑貸有差. 至冬十月, 還納. 以爲恒式. 內外大悅.

즉 왕은 매년 3월부터 7월까지 관곡을 내어 백성의 가구 다소에 따라 진대하되, 당년 10월에 환납하게 하였으니, 이는 물론 곡종과 식량을 각기 식구와 가계에 적용하도록 하여 진대의 양을 정부가 제한한 동시에 진대 환납 시기를 또한 적당히 지정한 것이었다.

고국천왕 이전에도 삼국에 진대법이 전혀 없었던 것은 아닐 것이다. 관부의 부분적 진대와 함께 민간 부호富戶가 사사로이 진대하는 일이 어느 곳, 어느 때엔가 이미 발생하였을 것이다. 그러나 정부의 일정한 계획과 항구적 대책으로서 국정의 중요 지위를 점하게 된 것은 고국천왕의 진대법에서 비롯한 것이다. 이때는 고구려의 명정치가요, 명재상인 을파소의 치세였으니, 이 진대항식賑貸恒式 또한 을파공의 이름 있는 정책 중 하나임에 틀림없는 것이다. 이것이 조선 황정사상에서 환곡의 효시이고 조적의 발원이다.

요컨대 진대법은 흉년 궁절에 종자 또는 새 곡식을 거두어들일 때까지를 한도로 하여 관부로부터 창고곡을 민간에 대부하였다가 풍작을 기다려 환수하는 것이 정례다. 고려조 이후 비황 시설이 점차 정비됨에 따라 진대는 더욱 빈번히 행해졌다. 혹은 흉년에 대부하여 풍년에 회수하고 혹은 겨울과 봄에 대부하여 가을에 곡식이 익으면 회수했다. 그리고 처음에는 전혀 이식이 없던 것이 뒤에 가서는 약간의 이식 내지 높은 이식을 붙여 회수했다.

– 진대와 의창

고려의 의창제와 이조의 환곡(=환상)제는 진대 황정상 중대한 지위를 가졌던 것이다. 그러나 환진제還賑制는 즉 의창제요 별개물이 아니었으니, 이조 환곡제에 대한 역사적 규명(溯究)을 위하여 고려 의창제의 연혁을 조금 설명할 필요가 있다.

고려 태조는 궁민 진대를 목적으로 한 이창里倉을 설치하였는데, 이는 종래 군농합일적軍農合一的 창고 제도를 분화시켜 진창賑倉을 독자적인 상설 기관으로 설정한 것이다. 그 후 고려 성종은 이를 확장하여 의창이라 개칭하고 각 주·현에 배치하였는데, 처음에는 관곡만으로 진대의 용도에 충당하던 것이 나중에는 자연재해의 빈발과 인구 및 궁민의 증가와 정부 재정이 점차 크고 많아짐에 따라 진대 원본의 증가책을 필요로 하여 관곡 이외에 민곡民穀의 수렴收斂을 계획하되, 인민의 부담 능력을 3등급으로 구분하여 의창 원곡을 징수, 보충했다. 고려 현종 14년(1023) 9월 판법判法에 따르면, 주·현의 의창은 도전정都田丁 수數를 계산하여* 수렴의 양을 규정하였으니, 즉

- 1과공전一科公田 1결: 조租 3두
- 2과공전** 및 궁원전, 사원전, 양반전: 조 1두

---

* 원문에는 '도전都田 정수丁數를 표준하여'라고 해석하였으나, 최근 연구에 따르면 도전정都田丁은 양안과는 구별되는 수조권에 따른 조세 징수와 관련되는 문서라고 보기 때문에[박종진, 〈고려 초 의창 제도의 구조와 성격〉, 《변태섭 편, 《고려사의 제 문제》 삼영사, 1986] 위와 같이 해석했다.

** 자료상으로는 2과, 3과라고 표기되어 있으나 이 또한 2과공전, 3과공전이라고 본다.

• 3과공전 및 군인호정軍人戶丁, 기인호정其人戶丁:* 조 1두

로 나뉜다. 이 과렴** 부담의 3등급제에 따라 의창 조직은 전국으로 확장되었다. 그러나 의창 진대의 원본이 국가 정세 수입의 관곡에 의존하지 않고 민곡의 특별 과렴에 의존한 이상, 그 과렴의 표준이 여하히 정당하다 하더라도 그 진대는 실제로 과렴분에 상등한 고리대라 하지 않을 수 없는 것이다. 또 풍년과 흉년을 불문하고 일례 과렴한 것은 필연적으로 정부의 인민에 대한 가렴주구가 되지 않을 수 없는 것이다. 더구나 이 과렴 과등科等에서 제3등에 해당하는 자의 원곡 부담은 요즘의 보험보다도 현실적으로 중압이었다.

그리하여 고려 중엽에 이르러 민곡 과렴은 인민이 부담할 기력이 없음과 함께 의창제의 부진과 민중의 원성을 초래하였을 뿐이었다. 당시 정부의 의창 정책은 다시 민곡 수렴으로부터 관곡 치중으로 돌아오지 않을 수 없었다. 《고려사》에 이른바 "인종 5년 3월에 왕이 명령하기를 '국가의 양곡을 저축하여 백성들을 구할 준비를 하라'(仁宗五年 三月, 詔 務儲官穀, 以待救民)"(〈식화지〉3 '상평의창常平義倉')라고 한 것이 즉 이것이다.

그러나 전쟁의 빈발과 원실元室의 교섭과 무가武家의 낭비***는 드디어 국창國倉 관곡의 결핍(虛乏)을 불러일으켜 의창 진대로 하여금

---

* 원문에서는 군인, 기인, 호정이라고 기재하였으나 군인호정, 기인호정으로 봐야 하며, 이는 군인과 기인에게 호를 단위로 준 토지로 본다.
** 과렴은 임시 지출에 대응하기 위한 부가세로 본다.
*** 원실의 교섭은 원 간섭기를, 무가의 낭비는 무신정권 아래 과도한 재정 지출을 가리키는 것으로 볼 수 있다.

의연히 민곡 과렴에 의존하게 했다. 충선왕은 연호미법煙戶米法을 처음으로 정하였으니, 연호미법이란 대개 풍년이 들면 호(가구)의 대소에 따라 차등 있게 곡식을 내게 하여 주·군의 창고에 저장하였다가 다음 해의 흉황에 예비하는 것이다.

민곡을 과렴한다는 점에서 연호미법은 앞서 기록한 현종 때의 3등급제와 다름이 없다. 그러나 전자[3등급제]는 풍년과 흉년을 불문함에 반하여 후자[연호미법]는 풍년이 든 해를 기회로 하였으며, 전자의 과렴 표준은 제2등에 속한 자의 부담이 과중함에 반하여 후자는 호의 대소를 표준으로 한 만큼 일반 소호小戶의 부담이 비교적 가벼운 듯하다. 그러나 운용 여하에 따라서는 도전정 수의 표준은 일정하겠지만, 호별 표준은 유력자의 이기적 규정을 일층 용이하게 할 수 있다. 이리하여 의창제는 비황, 즉 공동 보험적 명목을 갖고 일반 백성의 가입을 강요한 동시에 운용자의 권리는 드디어 대책을 세운(設法) 본의를 잃어버렸다. 즉 의창은 비황 진대의 본래적 기능을 버리고 나중에는 강제적 과렴에 의하여 국내 곡물에 대한 일종의 통제적 기관으로서 국가 재정의 측면적 임무를 준행함에 지나지 못했다. 의창이 '원성을 사는 관청'이 된 이유가 여기에 있었던 것이다. 고려 말엽 공민왕 20년 (1371) 12월 의창에 관한 교서는 다음과 같다(《고려사》〈식화지〉3 '상평의창').

흉년을 구제하고 굶주린 자들을 살린다는 것은 국왕의 정치로서 가장 먼저 하여야 할 일이다. 충선왕은 일찍이 유비창을 두고 또 연호미법을 제정하였으니 그 생각하는 점이 아주 깊었던 것인데, 요즈음에 와서 그 이름만 남고 내용은 없어졌으니 먹이고 구제하는 뜻을 아주 잃었다. 그러므로 충선왕의 상평의창 제도를 복구하도록 할 것이다.

救荒賑飢, 王政所急. 忠宣王 嘗置有備倉. 又設煙戶米法. 其慮其遠. 比來, 名存實亡. 殊失賑濟之意. 其復忠宣王常平義倉之制.

이 유명무실한 의창 진대 제도는 고려 최말기 창왕, 공양왕 양조兩朝에 이르러 이태조 일파의 개혁적 주장에 따라 상평창과 함께 의창의 복설 운동이 개시되어 이조 환곡 제도의 기초를 수립했다.

— 진대와 환곡

이조의 환곡제는 자연경제 시대에는 진대의 가장 합리적 형태다. 그러나 환곡제는 이조가 독특하게 세운 제도(設法)가 아니고 결국 고구려의 진대법과 고려의 의창제를 전통적으로 계승한 것이었다. 물론 내용 규정에서는 일정한 특징이 없지 않았겠지만 말이다.

앞에서도 다소 언급한 것과 같이, 이조의 의창은 그 입설立設이 이조 입국 후에 있었던 것이 아니라 고려조의 이름 밑에서 이태조의 국가 수립에 대한 경제적 기초의 하나로서 당시 중도에 폐지되었던 의창제를 급속히 복설한 것이다. 《고려사》를 보면 고려 말기 창왕 원년(1389)에 양광도 관찰사 성석린의 계청啓請에 따라 주·군에 의창을 복설하였고, 공양왕(1391) 3년에 5부에 의창을 설립하였으니, 이는 다 이태조 일파의 경제 신안新案에 관한 사건이었다. 그리하여 통치 대권의 수권受權과 함께 의창제도 드디어 이조사의 첫 장에 편입했다.

어째서 환곡이라 하였는가? 이는 극히 간단하다. 국가 진정상賑政

上 흉겸凶歉 시 또는 춘궁기에 정부는 곡물을 종자와 농량으로서 민간에 대부했다가 가을에 추수하거나 또는 풍년이 들면 다시 환납하게 하였으니 환곡의 명칭이 여기에서 나온 것이다.《속대전》(영조 24년 간행) 〈호전〉 '창고' 주註에 "조적은 속칭 환자라고 한다(糶糴, 俗稱還上)"라고 하였으니, 환곡은 환자곡 또는 환납곡이란 것이다.

《조선왕조실록》에 따르면 태종 6년에 의정부는 연호미 거두는 법을 올렸고, 세종 3년에 대왕은 민간에 대여한 의창의 곡식을 돌려 갚을 수 없는 자에게는 강제로 징수하지 말라 하였으니, 이는 다 환곡제의 활동이 이조 초기부터 왕성하였던 것을 설명한 것이다.

이조 초의 법전인《경국대전》〈호전〉에는

> 서울과 지방에 상평창을 두어 곡물이 귀하면 가격을 올려 베를 사들이고 곡물이 흔하면 가격을 내려 베를 판다.
> 京·外, 置 常平倉. 穀貴, 則增價以貿布. 穀錢, 則減價以賣布.

라는 상평창에 대한 규정만 있고 의창의 명목과 그 규정은 따로 있지 않았으니, 이는 당시 진정賑政이 상평 조적을 위주로 한 동시에 진대 환상의 곡물은 때에 따라서는 이 상평창곡에 의존하였던 것이다. 이런 의미에서 상평창은 즉 상평의창이요, 별개물이 아니었다.

그러나 같은 책, 같은 장, 군자창에 대한 규정에는

> 군자창에는 별창을 따로 두어 잡곡을 헤아려 쌓아두고 백성들에게 빌려주며, 가을에 빌려준 본래의 수량을 받아들인다.

軍資倉. 又置別倉. 量畜雜穀. 貸民. 秋納本數.

라고 하였으니, 이는 군자창의 별창이 의창의 본격적 임무를 수행한 것이며, 동시에 진대환자제는 주로 이에 의존하였던 것이다.

그러나 상평 조적 제도는 임진왜란 후에 공사公私가 모두 궁핍한 관계로 드디어 폐지되어버렸고, 인조 때 상평, 진휼 양 청이 합설됨에 따라 환곡 진대는 거의 진정계賑政界의 독점적 행사를 이루었다. (영조 때 펴낸《속대전》에는 앞서 기재한 상평창 규정은 나타나지 않고, 정조 때 펴낸 《대전통편大典通編》에는 앞서 기재한 규정의 "지금 폐지되었음"을 부기했다.)

환곡제의 규정은 《속대전》〈호전〉 '창고'에 자세히 보이는데, 그 대강은 다음과 같다.

> 제읍에 저치한 군자, 상평 그리고 각 읍의 미곡은 조적의 법을 정하여 봄에는 백성에게 빌려주고 절반은 창고에 남겨둔다. 가을에 추수할 때 거둬들이는데 모는 10분의 1이다.
> 諸邑所儲軍資常平各邑米穀, 定爲糶糴之法. 春貸于民. 折半留庫. 秋成而斂. 取耗什一.

이른바 '봄에 빌려주고 가을에 걷는(春貸秋斂)' 것과 '절반은 창고에 남겨두는(折半留庫)' 것이 환곡제의 중요 규정이다. 원래 진대는 구휼 제도이므로 흉년 궁절에만 한하였던 것이 나중에는 풍년과 흉년을 불문하고 대부, 환수를 매년 정기적으로 힘써 행했다. 이조 중엽 이래 주·군의 관리는 국가 조세 수입의 미곡을 각종 창고(倉舍)에 저장(藏

納)하여 지방 경비의 필요를 담당(支辦)하고 나머지의 그 반액은 항상 창고에 유치하고 반액은 매년 민간에 춘기 대부하여 추기 환납하게 하였으니, 일면으로는 일반 농민의 구제책인 동시에, 일면으로는 각 창에 저치한 곡식을 '새것으로 바꾸는 대책(換新策)'이었다. 조정은 시시로 사절을 특파하여 독려, 감사하고 지방 관리는 출납과 보관에 최대의 관심을 가졌다. 이것이 당시 국가 재정과 지방 행정에 중요한 행사였다.

인조 때 연평부원군延平府院君 이귀李貴의 상차上箚*에 따르면, 임진왜란 전에는 각 읍의 환상곡이 대읍은 30여만 석이고 중읍은 10만여 석이고 하읍은 혹 5만~6만 석이라 하였으니 당시 환곡 수량이 얼마나 많았는지를 족히 상상할 수 있다. 그러나 임진, 병자 양란을 지난 후에 각종 창곡의 빈 모곡(虛耗)과 재흉災凶 빈궁에 대한 정부의 빈번한 견감은 진대 환곡의 성적을 거의 유명무실하게 만들었다. 그러다가 숙종의 치세를 지나 영·정조 대에 이르러 환곡 수량은 크게 충실해졌다.

이조 환곡의 가장 충실한 시대인 영·정조 대를 보면, 각 도에 소재한 환곡 수가 때에 따라 가감이 무상하여 일률로 그것을 가지런히 정리할 수는 없고, 어느 연간 현재의 환곡 장부를 요점만 기록하여 당시 환곡이 성황을 이루었음을 예시하려 한다(이하 표의 숫자는 《증보문헌비고》〈시적고〉5에 따라 작성한 것임).

---

* 관료가 왕에게 차자箚子를 올리는 일. 차자는 상소에 비해 일정한 격식을 갖추지 않고 간단히 사실만 기록하여 올리는 공문 양식을 말한다.

〈표 4〉 영조 45년(1769) 각 도의 환곡 수

상평청* 미곡

도명	미(석)	각곡(석)	계(석)
경기	2,805	54,513	57,318
충청	12,429	255,825	268,254
강원	11,999	85,938	97,937
황해	3,842	117,918	121,760
전라	71,877	127,003	198,880
경상	32,224	653,562	685,786
평안	71,722	65,663	137,385
함경	10,529	120,766	131,295
계	217,427	1,481,188	1,698,615(A)

진휼청** 미곡

도명	미(석)	각곡(석)	계(석)
경기	17,423	322,863	340,286
충청	38,988	232,707	271,695
강원	33,347	172,468	205,815
전라	8,997	10,401	19,398
경상	52,974	193,896	246,869
함경	5,536	109,720	115,256
계	157,265	1,042,054	1,199,319(B)
누계			2,897,934(A+B)

* 본래는 괄호 속에 '경기 5참站의 칙수勅需를 전관함'이라고 기재되어 있으나, 편의상 각주로 옮겼다.
** 본래는 괄호 속에 '처음 이름은 구황청이며, 뒤에 선혜청에 소속되었다.'라고 기재되어 있다.

군자창 미곡

도명	미(석)	각곡(석)	계(석)
경기	1,119	9,082	10,201
충남	16,142	11,483	27,985
강원	3,033	16,400	19,433
황해	36,264	136,091	172,355
전라	141,668	38,088	179,756
경상	174,250	174,405	248,655
평안	508,048	539,708	1,047,716
함경	63,190	104,578	167,768
계	943,714	1,030,195	1,973,909(C)
누계			4,871,843(A+B+C)

비변사 소관

도명	미곡(석)
경기	274,909
충청	181,601
강원	296,162
전라	359,342
경상	968,704
평안	1,116,006
함경	282,152
계	3,478,876(D)
누계	8,350,719(A+B+C+D)

〈표 5〉 정조 12년(1788) 각 도의 환곡 수

상진청 합록

도명	미米 전미田米(석)		각곡(석)	계(석)
	미	전미		
경기	4,312	5,813	292,954	30,379
충청	15,583	9,568	334,228	359,379
강원	1,674	8,904	158,025	168,603
황해	183	6,703	187,033	193,919
전라	47,809	290	705,217	753,316
제주3읍	–	556	2,493	3,049
경상	4,156	74,969	1,003,947	1,083,072
평안	15,417	86,077	97,031	198,525
함경	129	3,431	160,755	164,315
계	89,263	196,311	2,941,683	3,227,257(a)
	285,574			

군자창 미곡

도명	미(석)	각곡(석)	계(석)
경기	3,030	13,185	16,215
충청	44,812	11,443	56,255
원춘	3,405	16,174	19,579
황해	36,452	141,888	178,340
전라	167,191	24,225	191,416
경상	225,087	217,915	443,002
평안	290,518	364,305	654,823
함경	59,743	92,970	152,713
계	830,238	882,105	1,712,343(b)
누계			4,939,600(a+b)

비변사 소관

도명	미곡(석)
경기	211,834
충청	199,218
강원	153,814
황해	248,257
전라	349,041
경상	961,555
함경	321,499
계	2,445,218(c)
누계	7,384,818(a+b+c)

이상과 같이 상평, 진휼, 군자, 비변사가 각각 관할하는 미곡은 영조 45년에 835만여 석, 정조 12년에 738만여 석의 거대한 수량으로, 매년 민간에 대부, 순환하여 근대에 이르기까지 경도(京鄕) 대소 관리의 중요한 사무가 되었다. 《속대전》의 '절반유고折半留庫' 규정으로 추정하면 당시 유고와 대출의 곡량 전부는 실로 놀랄 만한 수치다. 이조 수백 년간 봉건적 승평은 그 기초를 이러한 진민賑民 정책에 진 바가 적지 않았다.

환곡 진대는 원래 구제 정책이므로 흉년, 궁절에 한한 것이 설법設法의 본의였다. 그러나 흉황 구제로서 출발한 진대는 경험의 도정道程에서 단순한 일시적 구제에 그치지 않고 농업 생산에 대한 재생산적 조건으로서 주적 활동을 하게 되었다. 즉 '봄에 빌려주고 가을에 거두는(春貸秋斂)' 정식定式은 일시 구휼적 한계를 지나 농민에게 종자나 농량을 빌려주기 위하여 저장해놓은 곡물을 춘기에 분배하고 가을 추수 후에 다시 환수하니 당시 저축 형태는 물론 창고 곡식을 갱신하는 유일한 묘방도 되었거니와, 이보다도 봉건 경제상 일종의 농사를 권유하고 감독하는 중요한 방법으로 전화되었다.

그러나 환곡의 본래적 사명은 운용상 또다시 제3단적 전화를 보지 않을 수 없었다. 즉 환곡은 대부에서 출발하여 환수로 완료되므로 출납을 장악한 관부는 사례의 정식화를 달게 되고 그들의 지배적 인식은 필연적으로 환수에 중점을 두게 되며, 환수의 중점은 원곡 확장의 필요로서 이식을 인민에게 징수하게 되었다. 그리하여 환곡 진대는 이식 징수로서 구제의 본래적 의의를 상실한 동시에, 창곡 갱신의 명목은 도리어 가렴주구의 합법적 수단이 될 수 있었다.

– 환곡의 취모법取耗法

환곡에 대한 취모법은 어떠한 것인가? 곡물이 쥐와 참새 등의 피해 때문에 줄어든 것을 모조耗條라 하는데, 관부가 환곡을 민간에 진대하고 상응한 모조의 양을 산정하여 원곡에 환수하는 것이다.

조선 진대 사상에서 고구려의 진대항식과 고려의 의창진대는 모두 취리取利와 함께 취모取耗를 행한 사실이 보이지 않을뿐더러, 이조에 와서도 취모 운운은 《경국대전》에는 전혀 없고 《속대전》〈호전〉'창고'에 비로소 "봄에 빌려주고 절반은 창고에 두었으며 가을에 거두었는데 모를 10분의 1을 취했다(春貸于民. 折半留庫. 秋成而斂. 取耗什一)"라는 규정이 있으니, 그러면 이조 초엽에는 취모법이 아직 제정되어 행하지 않았던 것인가? 《문헌비고》〈시적고〉'조적'에 나오는 모조에 대한 저자의 안설按說은 이러하다.

> 신이 삼가 상고하건대, 상평창 곡식을 거두고 나누어주는 법은 고려시대에 있었고 우리 조정에서도 그대로 따랐습니다. 그 뒤 명색이 점점 많아져 다 기록할 수 없는데, 모라고 하는 말은 바로 새나 쥐가 먹어서 줄어든 것을 백성에게 받아서 그 줄어든 것을 보충하는 것을 일컫는 것입니다. 매 석에 1두 5승을 받아서 혹 공곡으로 돌리기도 하고, 혹 관용으로 삼기도 하는데, 모곡을 받는 제도는 《경국대전》에는 기록되어 있지 않고 《속대전》에 비로소 나타납니다. 그러나 세종 대에는 대구의 적모를 감하였고 선조 대에는 이항복이 모곡을 조금 남겨두자는 계啓가 있었으며, 인조 대에는 상평창 모곡의 3분의 2를 취하였으니, 환곡에 모곡을 붙여서 받는 것은 그 유래가 오래되었으나 창시한 때의 문적을 상고할 수가 없습니다.

臣, 謹案. 常平斂散之法, 在於麗代. 而我朝仍之. 其後, 名色滋繁. 不可殫記. 而耗之爲言乃是雀鼠之耗縮, 而取於民, 以補其縮之謂也. 每石, 取一斗五升. 或歸公穀, 或作官用. 而取耗之制, 不載於大典. 始見於續典. 然, 世宗朝, 減大邱糴耗. 宣祖朝, 李恒福, 有 稍存耗穀之啓. 仁祖朝, 取 常平耗三分二. 則還穀取耗, 其來盖久. 而創始之時, 交籍無攷.

이 인용문 중에 이른바 '대구의 적모糴耗를 감했다'는 것은 무엇인가? 세종 6년경 서침徐沈이 거주하던 대구 달성의 성벽을 수축할 때 옛 역 터로서 달성과 상환하고 서침에게 논상하니 서침은 사양하고 그

대신 1읍 적모糴耗에 매 석 5승을 감해달라고 요청하거늘, 대왕은 이를 특별히 허락했다. 이조 환곡 장부 서류에 "대구의 환모(丘還耗)"라고 기록된 것은 이것을 이르는 것이었다.

그리고 이항복의 계啓란 것은 임진왜란 다음 해에 항복이 체찰사로서 상계한 것인데, 원문의 일절은 이러하다.•

> 마땅히 해조該曹로 하여금 따로 사목을 만들어 조금 풍년이 드는 해에 각 고을로 하여금 그 전결을 계산하여 한도를 정해서 조를 거두어 점차로 저축함으로써 원곡을 삼고 모곡은 조금 남겨두어 조금씩 더 보탠 뒤에는 쌀을 거두는 일을 일절 금하여 없애야 합니다.
> 宣令該曹, 別爲事目. 就於稍稔之年, 令各官, 計其田結. 定限收租. 漸且積貯. 以爲元穀. 稍存耗穀. 稍稍添補. 然後, 徵米之事, 一切禁革.

그러나 모耗라는 용어는 조선의 진대 역사에서 비롯한 것이 아니고 역시 중국에서 수입된 것이다. 《남사南史》••에 장율張率이 가동家僮을 보내 쌀 3000석을 싣고 귀가하매, 태반이 줄어든 것을 서작모鼠雀耗라 하였으며, 중국 옛 제도에 태조미兌漕米 1석에 쌀 몇 두를 첨가하여 '길을 가는 과정에서 줄어드는(沿途耗折)' 것에 비충備充하되 모미耗

• 이 원문은 《증보문헌비고》 권166 〈시적고〉4 '조적'에 실려 있다.
•• 당나라의 이연수李延壽가 지은, 남조의 남송, 제, 양, 진 네 나라의 역사책. 본기本紀 10권, 열전列傳 70권으로 구성된다.

米라 하였으며,* 또 중국은 종래로 관리가 은량銀糧을 징수하되 정액 이외에 약간을 가봉加捧하는 것은 모선耗羨**이라 하였으니, 모미의 명칭이 대개 이러한 데서 유래한 것이며, 이 명칭은 제도와 함께 조선에까지 파급된 것이다.

그러나 《경국대전》에는 취모법이 없을 뿐 아니라 〈호전〉 '군창'에도 "군자창에 또 별창을 두어 잡곡을 적당하게 저축했다가 백성에게 대여하며 가을에 본래 수량으로 바치게 한다(軍資倉. 又置別倉. 量畜雜穀. 貸民. 秋納本數)"라고 하였으니, '본래 수량으로 납부한다(納本數)'는 즉 《속대전》의 '10분의 1의 모를 취한다(取耗什一)'와 반대되는 규정이다. 《경국대전》에 취모법이 규정되지 않은 반면에 '본래 수량으로 납부한다'는 규정이 명기된 것을 보면 이조 초기에는 취모법이 일부 관례에 그쳤고 법령으로서의 일반적 시행에는 아직 이르지 않았던 것을 알 수 있다. 또 이항복의 '모곡이 조금 있었다(稍存耗穀)'는 설을 반드시 이조 종래 모곡제의 존재를 증명할 만한 문구로 볼 수만은 없다. 상기한 모미의 유래가 있을 뿐 아니라 주자朱子 사수법社數法에도 매 석 모미 3승의 규정이 있으니, 이런 전례를 취법取法하려는 의미로서 모곡 운운을 할 수 있는 것이다.

어쨌든 모곡은 이조 중엽에 이르러 비로소 법적 규정을 일반적으로 얻은 것이다. 현종 5년에 함경도 감사 민정중閔鼎重은 상평취모常平

---

* 《在綫成新華字典》斗耗 條 "歷代從水道運粮, 每石另加米數斗, 隨漕起運, 作爲沿途耗折之用, 謂之斗耗."

** 모선은 세금으로 징수한 쌀이나 은이 저장·운반·용해 등으로 감소되는 것을 예상하여 미리 규정액보다 많은 양을 징수하는 것이다.

取耗가 원래 조종祖宗의 옛 법이 아니요, 다만 난 후 '한때 편리하도록 한 것'에 불과한 것이라 하여 "특별히 영영 혁파하도록 허락하여 여러 도에 혜택이 되기를(特許永罷 以惠諸道)" 계청하였으니, 난 후 '편리하도록 한 것'은, 즉 인조 대의 병자호란 후에 국가 창고가 부족(告乏)하므로 상평청 모 3분의 2를 회록會錄〔환곡의 모곡耗穀을 다른 목적에 쓰기 위하여 일부를 떼어 용도가 다른 회계 장부에 기록하는 것〕한 사실을 가리킨 것인 듯하다. 이를 보면 모곡의 폐해는 이때부터 상당했던 것을 알 수 있으며, 동시에 모제耗制가 옛 법이 아닌 것을 또한 고증할 수 있다.

모조와 이식은 개념상 서로 다른 것이다. 그러나 빌리는 쪽에서 보면 결국 원곡에 대한 이식이 되지 않을 수 없다.《속대전》의 규정인 취모십일取耗什一은 즉 당년 모조가 원본 15두 1석에 1두 5승이니 청묘青苗, 사창社倉 등의 10분의 2 이식과 민간 부호의 10분의 5 이식에 비하면 관적官糴의 저리低利로 볼 수 있으나, 빈민의 보상 능력으로 볼 때 10분의 1 이식은 또한 적지 않은 부담이다. 이는 성호 이익으로 하여금 당시 모조를 설폐說弊하게 하였는데, 내용은 이러하다(《성호사설유선》 권4하 〈인사편〉6 '치도문'3 조적청묘糶糴青苗).

> 이른바 모耗란 것은 모가 아니요, 실상은 이익을 더하는 것이다. 10분의 1의 수가 7년을 지나면 본 곡의 수와 서로 대등해진다. 이 7년 중에 횡렴한 것이 거의 억만 석이며, 이것이 과연 어디로 돌아갈 것인가. 봄에 비록 15두를 받는다 하나 기실은 13두에 불과하고 반년 안에, 즉 추기秋期에 모耗, 잉잉剩 및 행량각가行粮脚價 등으로서 그 배수를 납입한다. 또는 매 호에 강제로 대여하는 것이 향곡鄉曲의 무단武斷보다 더 심하므로

한번 가을에 환곡을 거둬들이고 나면 마을(閭井)이 텅 비게 된다. 그리고 전부잡세田賦雜稅를 빌려서 갚되 오히려 부족하면 인징, 족징과 같은 강제 징수의 사단事端이 분연히 일어난다. 무릇 나라의 경비는 정규 부세로서 족할 것이거늘, 어찌 인민에게 돈을 빌려 이식을 취하여 구차하게 살아갈 것이냐……

이리하여 성호는 모조의 불합리와 진대의 취식取息을 엄혹히 비평한 동시에, 반계 유형원과 같이 환곡제를 폐지하고 상평조적 제도를 취하려 했다. 이들의 의견에 따르면, 진대는 결국 환납을 요구하므로 모조의 유무를 불문하고 이는 필경 빈민에 대한 중압이 되지 않을 수 없다는 것이다.

– 환곡의 설폐說弊와 구폐救弊

흉황의 구제, 농업 재생산의 조건, 창곡의 환신책 등 환곡의 장점에 대하여 법규가 그 본의를 잃지 않고 운용이 그 사람을 얻은 때라면 환곡제는 봉건적 농업사회에서 진정賑政의 합리적 형태다. 고구려의 진대항식 이후 2000년간 환곡 제도는 끊이지 않고 계속되었는데, 역대 누구라 할 것 없이 이식 두 글자를 감히 공연하게 붙이지 못하였으며, 이조 중엽에 와서 모조 규정이 법전에 나타났으되, 오히려 모라는 용어로 이식을 대변하였으니, 이는 이 제도가 의연히 취리적이 아니고 진대 구제에서 출발한 까닭이었다.

어쨌든 환곡제는 본수 환납을 원칙으로 하지 않을 수 없으며, 또 설령 십일모조什一耗條의 규정이 있다 하더라도 그것이 국영인 이상

민간 사대私貸의 이식에 비하면 훨씬 가벼운 이식이 되지 않을 수 없는 것이다. 그러니 운용이 그 기강을 잃지 않고 또 모조 수납을 풍년에만 한정한다면 취모법은 또한 진대의 본의에 그다지 위반되지는 않는 것이다. 그러므로 이조 역대에 환곡의 원곡, 모곡에 대해 견감하는 혜정惠政이 끊이지 않고 계속된 결과, 인민이 입은 이익은 실로 위대하여 사상 유례가 또한 드물었던 것이다.

이조의 환곡제는 고려의 의창제와 같이 처음에는 조세로서 받아들인 관곡으로 원본을 삼았다. 태종 때 연호미를 거두는 법이 올려졌고(上陳), 임란과 병란 후에 창고가 텅 빈 관계로 전결을 계산하여 임시 징수의 의논이 상정上程되었다. 그러나 진대 원곡을 준비하기 위해 특별히 과렴課斂하는 제도는 이조 역대에 일찍이 실행된 적이 없었던 듯하다.

환곡제에서 여러 창고에서 보관하던 것을 전부 환곡으로 대출하는 것은 국가 완급상 위험천만한 일이므로 "절반은 창고에 두는(折半留庫)" 규정이 이조 중엽의 철칙이었다. 《속대전》의 본 규정은 이러하다.

> 창고를 기울여 분급한 자는 해를 정하지 않고 정배定配한다. 창고에 둔 절반 중 반을 분급한 자는 3년을 기한하여 도배徒配를 한다. 그 밖에는 분급한 양을 논하지 않고 모두 고신告身을 빼앗는다.
> 傾庫分給者, 勿限年定配. 折半留庫中 半分者, 限三年徒配. 其外 勿論石數. 並奪告身.

본 규정이 이렇게 엄중한데도 취모取耗의 이利는 일방으로는 국가 재정의 수입을 증식하고 일방으로는 대소 관리의 제 몸만 살찌우는 기회를 만들어줌으로써 법규는 알지 못하는 사이에 해이해졌다. 정조 5년(1781)에 영의정 서명선徐命善이 올린 연계筵啓의 일절은 이러하다 (《일성록日省錄》정조 5년 3월 9일).

> 환곡의 절반을 유치하는 것은 오늘날에 처음 시작된 법이 아니고 오래 전부터 금석金石처럼 유래된 국법으로서 매우 엄하게 지켜왔으므로 감사와 수령이 처음부터 감히 손을 대지 못하였는데, 근년 이래로 수령이 된 자는 그 받는 이자를 이롭게 여기고, 감사는 사적인 안면에 구애되어 위와 아래가 서로 속이면서 함부로 법을 범합니다.
> 還上半留, 非今創開之法. 自來金石之典. 守之其嚴. 道臣守令, 初不敢下手於其間. 近年以來, 爲守令, 則利其取耗. 爲道臣, 則拘於顔私. 上下相蒙. 恣意犯科.

그러나 절반유고는 원칙적 규정이거니와 행정의 절대적 필요에 따라서는 더 요청하는 예규가 있었다. 즉 지방 관리는 필요하다고 올려서 반분 이상의 대출을 하는 것이다. 절반 이상 대출하면 과분過分[*]이라 하고 전부 대출하면 진분盡分이라 했다. 그러나 이렇게 더 나눠 줄 것을 요청하는 예에 따르지 않고 과분, 진분을 임의로 하는 데서 인

---

* 실제로는 과분보다 가분加分이라는 표현을 많이 썼다.
** 여기서는 감영, 병영, 통영을 가리킨다.

민의 강제적 부담과 탐관오리의 상업상 이익을 얻으려는(市利的) 농단은 더욱 중대해지게 되었다. 이리하여 위로부터 절반유고를 힘써 행할 것을 가끔 엄명하였던 것이다.

정조 13년(1779)에 병조참지 박효삼朴孝參은 환곡제의 폐단을 비교적 자세히 상소로 진술하여 뒷사람이 참고할 점이 적지 않았다. 이제 그 상소문을 기록하면 다음과 같다(《증보문헌비고》 권167 〈시적고〉 5에 의함).

> 대략 말하기를 "신이 벼슬을 그만두고 조령을 넘어온 지 15년이 되었는데 눈으로 보고 귀로 들은 것은 모두 백성들의 고통과 탐관오리의 잔혹에 관한 것입니다. 그 때문에 보통 격식에 얽매이지 않고 감히 대궐문에서 부르짖는 마음을 본받았으니 오직 성명聖明께서는 굽어 살피소서.
> 외읍의 환곡이 백성들의 폐단이 되는 것은 고을마다 그렇지 않은 곳이 없지만 그 가운데 가장 심한 곳은 거창, 함양, 산청, 안의, 삼가 등 고을이 그렇습니다. 매 고을의 곡식 총수가 거의 10만 석에 이르는데, 삼영문三營門의 곡식이 그 반을 차지하고 빈껍데기가 3분의 2입니다. 국가에서 환곡을 설치한 것은 한편으로는 군량을 저축하기 위한 것이고, 한편으로는 빈민을 구제하기 위한 것인데, 관장이 된 자가 어찌 빈껍데기로 거두려고 하겠습니까? 그러나 곡식 총 수량이 너무 많고 환모의 취잉(耗剩)이 점점 불어나 속이 찬 곡식으로 다 받을 수 없으며, 반도 받지 못한 채 해가 또한 궁핍해져서 백성이 대부분 도망해 달아납니다. 그제야 이웃 사람과 친족들에게 강제로 징수하게 되는데, 모두 수봉하여 죄를 면하려고만 하므로 받는 것만 있고 물리는 것은 없기 때문에 순전히 빈껍

데기뿐입니다.

처음 받은 실곡은 모두 색고色庫의 도둑질과 농간하는 데로 들어가고, 그 밖에 분급할 것은 모두가 빈껍데기뿐이므로 백성이 혹 던져버리고 빈손으로 집에 돌아가기도 하니, 그래도 빈민을 구제하고 농량을 돕는 다고 할 수 있겠습니까? 이를 내다팔면 한 섬의 벼 값이 6~7푼에 불과하기 때문에 관원과 아전이 다투어 서로 사 가지고 그대로 창고 안에 남겨두었다 가을에 곡식을 거둬들일 때 사서 둔 빈껍데기는 이미 받은 것으로 속하게 하고 새로 받는 실곡에 이르면 돈으로 대신 받아서 오로지 자기 주머니에 넣습니다. 고을마다 이와 같고 해마다 관례가 되었으니 어찌 탄식하지 않을 수 있겠습니까?

하물며 환곡을 거둬들이는 때쯤 문득 한번 요란이 일어나게 되면 백성들 대부분이 고을의 감옥에 구금되므로 한 말의 곡식도 마련하기가 어렵습니다. 그런데 장차將差[고을 수령이나 감사가 보내던 심부름꾼]가 마을을 두루 수색하여 항아리에 간직한 곡식도 바닥내 버리니 굶주린 사내와 헐벗은 계집의 울부짖음이 잇따라 '환곡이 우리를 죽이는구나'라고 합니다. 심한 경우는 부자·형제의 은정恩情이 혹 상하기도 하고 윤리가 퇴폐하기도 하여 향리의 족속 사이에 원수와 원한이 생김에 따라 풍속이 어그러지니, 이는 모두 환곡 때문입니다. 또 빈껍데기가 실곡보다 갑절이나 되어 군량도 할 수 없고 농량도 할 수 없으므로, 이는 국가에는 보탬이 없고 단지 탐오한 무리의 몸을 살찌게 하는 바탕만 되니, 어찌 변통을 일으켜 백성을 품고 보호할 방법을 생각하지 않을 수 있겠습니까?

근년 이래 본 읍에서 돈으로 환산하여 연읍沿邑의 환곡이 적은 곳으로 옮겨 보내게 하였습니다만, 그 빈껍데기를 시장에 내다팔 수 없기 때문에 경내의 조금 넉넉한 자를 뽑아내어 100석을 주기도 하고 50~60석을 주기도 하여 1석의 값을 1냥 2푼의 돈으로 정하여 엄하게 독책하여 강제로 징수하니, 이처럼 돈이 귀한 때를 당하여 갖추어 바칠 수가 없으므로 소나 말을 팔기도 하고 토지를 팔기도 하여 점점 탕패하게 되었습니다. 이로써 살펴본다면 빈부를 막론하고 모두 그 재앙을 받게 됩니다. 이 폐단을 영구히 없애려 한다면 반드시 환곡이 많은 것을 줄여서 적게 만들고 빈껍데기를 충실한 것으로 만들어야 합니다.

지금 마땅히 청렴하고 사무에 밝은 사람을 골라 별도로 보내어 곡식이 많은 고을을 적간摘奸하여 각 창을 열어 조사한 다음 허실을 구별하여 만일 충실한 곡식알이 없으면 물이나 불에 던질지라도 아까울 것이 없습니다. 하지만 나라 곡식을 마땅히 전부 잃을 수는 없다고 한다면 빈껍데기 3석을 충실한 곡식 1석으로 환산하여 가을에 곡식을 거둬들일 때 일체 정밀하게 거둬야 합니다. 이렇게 하면 비록 4만~5만 석이 될지라도 군량을 의지할 수 있고 농량에도 도움이 될 수 있으며, 탐욕스럽고 교활한 자가 농간을 부리는 것도 막을 수 있어 생민의 고통을 없앨 수 있습니다.

이와 같이 이정釐正*한 뒤에 또 곡식의 총 수량을 정하여 큰 고을은 8만석, 중간 고을은 5만 석, 작은 고을은 3만 석으로 하며 원회곡元會穀에 이르러서는 절반씩을 분급하고 남겨두므로 감영곡에 비하여 갑절이 되어야 합니다. 감영곡은 스스로 진분하는 것이므로 매 읍에 1만 석으로

---

* 원문에는 釐整으로 되어 있으나 《증보문헌비고》에 따라 釐正으로 고쳤다.

한정하면 71주의 당년 모조가 7만 1000석이 되니 이는 매우 풍족합니다. 병영과 통영의 곡식은 마땅히 한도를 정하여 매 읍에 4000~5000석을 둔다면 넉넉할 것입니다.

이와 같이 법을 정한 뒤에 원회곡의 모곡은 봄을 기다려 돈으로 환산하여 호조에 바쳐 경비에 보충하게 하고, 삼영곡三營穀은 해당 영營으로 돌려주어 수용需用하게 해야 합니다. 또 모조는 산군山郡과 연읍을 막론하고 다 같이 발매할 것이요, 치우치게 남겨두어 백성에게 해를 끼치게 하지 않는다면 이 승평한 세상을 당하여 어찌 떠도는 백성이 있겠습니까?"라고 했다.

당시 경제가인 정다산은 이상의 논자들과는 다른 입장에서 환곡의 폐해를 논파했다. 그는 〈환자론還上論〉(《여유당전서》 시문집)에서 '환자법은 비록 부자간이라도 실행 불가하다'는 것을 고조高調(강조)했다. 그의 의견에 따르면, 비단 취모취리取耗取利가 불합리할 뿐 아니라 환곡제 자체가 근본적으로 인정과 실제에 맞지 않는다는 것이다. 즉 강제 대부와 강제 저축을 내용으로 하는 환곡제는 국가의 민간 곡물에 대한 일종의 간섭, 구속이므로 일방으로는 인민 사유私有의 흥미를 깨뜨리고 일방으로는 재산의 자유 처리를 방해한다고 했다. 이리하여 다산은 은연히 산업 자유와 개인주의의 방향을 지시, 동경했다. 이는 분명히 영·정조 이래로 화폐경제의 발육과 봉건 제도의 중압에 대한 반동적 경향과 서교동전西敎東傳에 편승한 서구 과학의 수입 등에 의한 근대적 사상의 일단이었다.

당시 환곡제에서 억지로 주고(勒授) 강권으로 납부받는(强納), 즉 강제 대부와 강제 환납은 오히려 대차貸借와 보상報償을 힘써 행하는 (勵行的) 형식이거니와, 이보다도 이른바 허감백징虛勘白徵은 실로 전에 없는 폐정弊政이었다. 허감은 즉 실곡이 아닌 수량을 장부상에 거짓으로 꾸며 적는(虛錄) 것이고, 백징은 이 허록에 따라 인민에게 강제 징수하는 것이다. 이것이 환곡제의 마지막 폐악이었다.

  피좁쌀 못 먹인 해에, 무릅꾸리*도 하도할샤
  양덕陽德 맹산孟山 주탕酒帑이, 영유永柔 숙천肅川 화낭년들이
  저희들 다 타먹은 환자(還上)를, 이 늙은 내게 다 물리려 하네
  변리邊利란 너희 다 물지라도, 밑이란 내가 담당하옴세

  환자(還上)에 볼기 서른 대 맞고, 장리갑세 동솥을 뚝 떼어낸다
  사랑하던 여기첩女妓妾은 월리차사月利差使가 등 밀어 간다
  아희야 죽탕관에 개(犬) 보아라, 호흥豪興겨워 하노라** 《청구영언靑丘永言》

• 《청구영언》에는 '무리꾸리'라고 쓰여 있다(1930년 필사, 국립중앙도서관 BC古朝 48-81-2). 국립국어원의 《표준어대사전》에서는 무리꾸럭을 '남의 빚이나 손해를 대신 물어주는 일'이라고 설명하는데, 이와 같은 말이라고 할 수 있다.
•• 대략의 내용은 다음과 같다. 솥도 빼앗기고 여기첩도 모두 빼앗겨서 밥도 제대로 못 해 먹을 판인지라 탕관에 죽을 끓여서 끼니를 때워야 할 형편이 되었는데, 탕관은 질그릇으로 작은 데다 안정성이 높지 않아서 조금만 건드려도 넘어져 내용물이 쏟아지기 일쑤였다. 특히 탕관에 약이나 죽 등을 끓일 때는 마당에 걸어놓고 하는 경우가 많은데, 이때 아이나 개 등이 그것을 발로 차거나 건드리면 엎어져서 내용물이 모두 쏟아지게 된다. 이런 상황을 노래한 것으로, '호흥겨워 하노라'는 그런 어려운 상황과 반대로 표현함으로써 힘든 상황을 잊어보려는 화자의 심정이 담겨 있다.

이상의 가요를 보더라도 당시 환곡모제還穀耗制의 폐단이 인민에게 어떠한 고통과 저주를 주었는지 족히 알 수 있다.

헌종, 철종 양조에 와서는 봉건 붕괴의 서막인 농민 소요가 이르는 곳마다 발발하였는데, 그중 삼남도민의 표어에서는 이른바 군軍, 전田, 적糴 삼정의 문란을 가끔 절규하였으니, 여기서 적이란 환곡을 가리키는 것이다. 그리하여 응급 대책으로서 철종 13년(임술, 1862)에 이정청釐正廳을 설치하도록 하고 삼정의 이정을 논의에 부친(附議) 결과, 이정청은 환곡의 고질적인 폐단을 다시 어찌할 수 없으므로 각 도의 환곡을 전부 작전발본作錢拔本하고 곡식을 걷고 모를 취하는 절차는 아주 혁파해버리고, 그다음 예비 물자와 경용經用의 수需로서 별반 조처를 강구하되, 토지 결수에 따라 분배하여 돈을 거둘 것을 결정했다. 이것이 이른바 탕환귀결蕩還歸結 또는 파환귀결罷還歸結이라는 것이다.

그러나 이도 마침내 의논으로 정하는 데 그쳤고, 즉시 환곡의 옛 제도로 다시 돌아갔다. 고종 대에 들어와서 수령이 환곡을 수봉하지 못한 점에 대한 형률을 더욱 준엄하게 규정하고, 3년에는 내탕금 30만 냥을 각 도에 분송하여 작곡취모作穀取耗하게 하였으니, 이는 환곡제가 인민 구제의 본의를 멀리 떠나 왕실 재정의 취리적 형식으로서 한갓 이용되어버린 것을 입증하였을 뿐이다.*

그 뒤 환곡 출납의 폐해는 인민의 반성反聲을 더욱더욱 야기하더니 고종 31년 갑오경장에 이르러 8도의 환곡을 사환社還이라 개칭하여, 이것을 공동 단체인 각 면에 하부下附하고 각 면으로 하여금 이 사환미를 기본으로 하여 사창을 각기 경영하게 하며, 탁지아문度支衙門

은 이에 대한 사환조례를 제정, 발포했다. 그러나 당시 국가의 다사다난으로 인하여 각 읍의 사환은 일례 실시의 지경에 이르지 못하고 말았으므로** 현존 실총은 장부에 제대로 실리지도 못했다. 2000년 종래의 환곡은 이것으로서 변형적 결말을 맞게 되었다!

이에 독자의 이해를 위하여 정다산의 〈환자론〉〔환상還上은 속음俗音으로 '환자' – 필자.〕을 인용한다(다산의 이 논의는 조남성趙南星의 사창의社倉議에서 나온 것이다.《경세유표》권12 참조)***.

환자론還上論

이 세상에 환자법보다 더 나쁜 법은 없다. 환자법은 어버이와 자식 간에도 실행할 수 없다. 시골 농촌의 어떤 집 늙은이가 자기 아들 열 명에게 재산을 나누어준 다음, 아침에 그 열 아들의 집을 돌아다니며 말하기를 "너희는 재산을 지니기에 서툴고 또 며느리들도 살림살이에 어두우니 명년에는 너희가 반드시 굶주릴 것이다. 너희는 양식을 가져와서 아비 집 곳간에 두어라. 명년 봄에 너희에게 돌려주리라"라고 했다.

아들들은 자기네 안방으로 들어가서 처에게 말하고 눈썹을 접고 이마를

---

* 고종 3년 경기, 충청, 경상, 전라, 강원, 황해 6개도에 모두 내탕금 30만 냥을 보내 별비곡 10만 석을 마련하여 운영하도록 했다. 다만 별비곡이 왕실 재정으로 이용된 것으로 보는 것은 적절하지 않다 (송찬섭,《조선 후기 환곡제 개혁 연구》2002, 참조).
** 그러나 사환제는 어느 정도 유지되었던 것으로 보인다(송찬섭,《조선 후기 환곡제 개혁 연구》 2002, 참조).
*** 《경세유표》권12 지관수제 창름지저 1에 조남성의 '사창의'의 내용을 소개하고 있다. 조남성은 중국 명대 인물.

찌푸리며 쑥덕거리면서 그 명령을 몹시 귀찮게 여겼다. 하물며 관가와 백성 간에 있어서랴!

그 이듬해 봄에 늙은 아비가 일찍이 열 아들의 집을 돌아다니며 "오늘은 내가 너희의 양식을 돌려줄 터이니 너희는 모두 와서 받아가라. 그러나 내 집 곳간에 간직해둔 동안에 새들이 벽 틈으로 날아 들어오고 쥐들이 구멍을 뚫고 들어와서 물어가 축난 것이 열에 두셋이니, 너희는 그리 알아라"라고 했다.

그 아들들은 자기네 안방으로 들어가서 처에게 말하고 함께 눈썹을 접고 이마를 찌푸리며 눈썹을 올렸다 내렸다 하며 쑥덕거리면서 그 아버지의 뜻을 나무랐다. 하물며 관가와 백성 간에 있어서랴!

그날 낮에 아들들은 쌀자루를 끼고 마소를 끌고 아비 집 곳간 앞에 가서 양식을 도로 받았다. 그 늙은 아비는 또 곳간에서 말하기를 "너희는 재산을 모르고 며느리들도 살림살이에 어두우니 지금 전부 내어주면 다음 달에 또 굶주리게 될 것이다. 오늘은 몇 말씩만 가져가고 또 열흘 뒤에 몇 말 가져가고 또 10일 후 몇 말을 가져가고, 새 곡식이 나온 후에 마저 다 받아가라"라고 했다.

아들들은 자기네 집에 돌아가서 처에게 말하고 함께 눈썹을 접고 이마를 찌푸리며 쑥덕거리면서 번거롭게 생각했다. 하물며 관가와 백성 간에 있어서랴!

저녁 무렵에야 겨우 몇 말씩 받아 가지고 돌아온 아들들은 관솔에 불을 켜놓고 아내를 시켜 다시 되질하여보게 했다. 그 아내는 우선 쌀 한 줌을 쥐어 가지고 불 앞에 서서 훅 불어보고 말하기를 "에구머니! 이게 우리 집 쌀인가? 어째 이렇게 거칠고 붉고 또 싸라기가 많은고? 이건 우리 집에서 가져다가 맡겨두었던 쌀이 아니고 아마 다른 댁의 쌀과 바뀐 모양이구먼? 혹은 또 곳간지기가 시아버지와 짜고서 농간질이나 한 것이 아닌가? 시아버님은 우리가 헤피 먹고 굶겠다고 걱정하더니 이제 보니 이 따위 심사로구먼!"이라고 했다. 그리고 되질을 다 해보고는 "에구머니! 서 말 쌀이란 것이 우리 말로는 말가웃도 못 되네" 하고 부부끼리 이맛살을 찌푸리며 눈썹을 올렸다 내렸다 하며 쑥덕거리면서 아비의 탐욕을 나무랐다. 환자는 어버이와 자식 간에도 이러한데, 하물며 관가와 백성 간에야 더 말할 나윈들 있으랴!

이상과 같은 방법으로 양식을 맡겼다 받았다 하기를 10여 년 동안이나 계속했다. 그래서 열 아들의 집들은 모두 가난에 빠져버렸으나 늙은 아비의 집 곳간에는 곡식이 차고도 넘쳐서 작은 곳집, 큰 곳집을 새로 지었다. 그래서 하루는 그 아비가 여러 아들을 불러놓고 하는 말이 "지금 내 창고에는 쌀이 묵어서 썩을 지경이니 너희는 모두 꿔서 갖다 먹고 오는 가을에 갚되, 열 말에 한 말씩만 더 붙여서 내어라. 이건 이자가 아니고 새와 쥐가 축낸 폭을 보충하는 것이다. 나는 지금 부자가 되어 내 창고를 돌보는 사람만도 수십 명이나 되니 어찌 그냥 수고를 시킬 수 있느냐? 그자들의 수고 값은 너희가 좀 부담해야 할 터이니 너희는 그리 생각해라"라고 했다.

이 말을 들은 아들들은 아비 앞에 꿇어앉아 눈물을 흘리면서 "그것은 받기를 원하지 아니합니다. 만일 꼭 그리하라고 하시면 저희는 아버지 슬하에 끝내 있을 수 없소이다"라고 했다. 아비는 와락 성을 내며 꾸짖기를 "아비가 쌀을 꾸어주는데 자식이 받지 않는다는 건 큰 죄악이다!" 하고는 매로 그들의 등허리를 치며 억지로 묵고 썩은 쌀을 꿔가게 했다.

그해 가을에 흉년이 들어서 열 아들은 모두 곤궁해져 꿔 먹은 쌀을 갚을 길이 전혀 없게 되었다. 이에 늙은 아비는 자기 집 종놈과 하인들을 시켜 아들들의 집으로 가서 솥과 가마를 떼고 송아지를 빼앗아오게 했으나 그래도 쌀값이 안 되므로 며느리네 친정 형제와 사촌 형제들의 집에까지 가서 송아지를 몰아내고 가마와 솥을 떼어 가지고 왔다. 그래서 곡성이 하늘에 사무치며 (사람들은) 하늘이 무심하다고 저주했다. 환자는 어버이와 자식 간에도 이러할 것인데, 하물며 관가와 백성 간에야 더 말할 나위들 있으랴!

그렇기 때문에 환자법보다 더 나쁜 법은 이 세상에 없다. 이런 법은 어버이와 자식 간에도 실행할 수 없는 것이다.

3부

보론:
한재旱災와
그 대책의
사편史片

3

보론:
한재
旱災와
그 대책의
사편史片

 수한水旱, 풍박風雹, 상냉霜冷, 황충蝗蟲 등 어느 것이 자연재해가 아닌 가마는 그중 한해가 제일 무섭다. 다시 말하면 범위로 보나 영향으로 보나 모든 재해 중에 한해旱害가 제일 광범위하고 심혹하다. 그 다음은 수해水害, 풍해風害, 황해蝗害, 박해雹害 등의 순서일 것이다. 더구나 조선같이 수전수도水田水稻를 농업의 주력으로 하는 지역에서는 한재가 기근의 가장 큰 원인이 되지 않을 수 없으므로 고대부터 농업 발달과 함께 한해 대책은 가장 큰 문제가 되어왔다.

 그러나 동서양을 막론하고 한해보다는 수해에 관한 공포적 기록이 먼저 나타났다. 조선 상고에도 예외 없이 홍수에 대한 전설이 있었다. 이는 당시 인류의 생활 조건이 가뭄보다 홍수에 더 무서운 영향을 받았던 까닭이다. 그리고 지문학자地文學者*의 말과 같이 지구의 열이

---

* 지문학地文學, Physiography는 지리학 가운데 보통의 자연 현상을 다루는 학문. 1869년 헉슬리 Huxley가 지리학 중에서 처음으로 응용했다.

점점 식어간다면 이와 정비례로 강우량은 점점 감해질 것이며, 강우량이 감해간다면 반면에 한해의 정도는 더해갈 것이 아닌가. 결론적으로 수해는 세대가 예전일수록 심했고 한해는 세대가 내려올수록 더해질 것이라고 말할 수 있다. 그러므로 우리들은 생활 자료인 농업물을 위하여 한해 방지와 극복을 가일층 강화하여야 할 것이다.

조선사에 나타난 한재는 백제 온조왕 4년(기원전 15)의 "봄과 여름에 가뭄이 들어 기근이 발생(春夏旱饑)"한 것이 처음일 것이다. 이로부터 이조 고종 25년(1888) 여름 가뭄까지 2000년 동안에 한황旱蝗(황충은 한재에 부수附隨됨이 통례)의 횟수는 무릇 300여 회였다. 물론 이는 기록상의 횟수이므로 사실상의 횟수가 반드시 이에 한정되지는 않을 것이다. 그리고 한재의 시기는 대개 봄과 여름이며, 가을이 그다음이고, 겨울은 예외라 해도 과언이 아니다. 이것을 보더라도 한해의 정도는 오로지 농작물의 피해 크기에 따라 결정되는 것이며, 한재는 요컨대 농업 생산이 시작된 이후 하나의 사회적 인식이라 할 수 있다.

《삼국사》*를 들추어보면 '큰 가뭄'이란 기사가 가끔 보이는데, 그 피해의 크기가 어느 정도였는지는 자세히 알 수 없으나, 저 중국사에 유명한 은탕시대의 7년 대한 같은 것은 한 번도 없었던 것이다. 대개는 춘하 간, 즉 파종, 이삭이 나오는 기간에 걸친 한재가 최대 기록이었다.

진평왕 50년의 여름 큰 가뭄이 신라의 한재로는 상당히 심했던 것이므로 가을이 되자 인민은 먹을 것이 없어서 자녀를 팔아먹었다 한

---

* 《삼국사기》를 가리킴.

다. 노예 제도의 촉성促成에서 재년災年이 힘 있게 작용한 것을 다시 인식할 수 있다. 고구려의 재해로는 태조왕 56년 '봄에 큰 가뭄이 들어 여름에는 땅이 메말랐고(春大旱 夏赤地)', 고국양왕 6년에는 '지난 해 여름에 가물고 봄에 기근이 들어 사람들이 서로 잡아먹는' 비극이 있었다 한다. 그리고 백제의 한재로는 시조 온조왕 33년에 '봄에 크게 가물어서 기근이 들어 백성들이 서로 잡아먹었다'고 하였고, 근구수왕 8년에는 봄부터 6월까지 비가 내리지 않아 굶주린 백성이 자녀를 팔아먹었다 한다.

그러면 이와 같은 한재에 대하여 당시 국가의 대책은 어떠했는가? 물론 재해의 정도와 그때의 사정에 따라 일률적이진 않았지만, 대책의 여러 종류를 열거하면 다음과 같다.

① 발창진급發倉賑給: 창고에 저비貯備했던 미곡을 급히 내어서 기민을 먹였다.
② 종자 또는 농량을 적당히 배급 혹은 대부했다.
③ 이곡移穀: 여유 있는 지방의 미곡을 재해 지역에 이출移出했다.
④ 조조租調 면제: 지세地稅, 역역力役을 재해를 입은 기간, 대개 1년간 면제했다.
⑤ 이재민 중 홀아비, 과부, 고아, 자식 없는 늙은이, 빈궁한 자들을 특히 문휼問恤했다.
⑥ 국가 공사의 정지.
⑦ 군주가 자기 자신을 책망하고, 반찬 가짓수를 줄이고, 정전正殿을 피하는 일: 재해의 원인이 군주의 덕이 부족함에 있다 하여

군주가 스스로 뉘우치며 책망하고 상시 거처하던 전실殿室을 피하여 감히 안일하지 못하는 뜻을 표시했다.

⑧ 국가의 형정刑政 득실을 검토하여 하늘의 경고[재해]에 봉답奉答했다.

⑨ 죄수 방면: 군주는 재해를 당하여 국내의 죄수를 친히 살펴 죄가 가벼운 혹은 무거운 죄수까지 석방 혹은 형을 경감시켜서 민원民怨을 풀어주었다.

⑩ 왕의 친순존문親巡存問.

⑪ 기우祈雨.

⑫ 농사 장려, 방재防災 강구.

삼국의 한재 대책은 일반 재해 대책과 대동소이하였는데, 그중 고구려 고국천왕 때의 진대항식과 신라 문무왕 때의 대곡환상貸穀還償 및 그 자모구면법子母俱免法 그리고 백제 전지왕 때 동북2부東北二部의 인민 15세 이상을 징발하여 사구성을 쌓게 하여 토목공사로서 재민 구제책을 삼은 것은 모두 특기할 만한 사실이다. 이것이 반드시 한재에 한정된 것은 아니었다. 그리고 기재도우祈災禱雨는 삼국 모두 처음엔 시조 묘, 국신國神, 산천신山川神에 나아가 행하였고, 나중에는 불교의 성행을 따라 불사도우佛寺禱雨가 가끔 있었다.

고려에 들어와서는 고종 42년 청주 이남 지방에 3월부터 7월까지 비가 오지 않았다고 하니 아마 기록을 뛰어넘는 한재였던 모양이다. 이후 수년간 한재가 연이어서 어느 때에는 쌀 2석 값이 은 1편片에까지 이르렀으며, 경도京都가 크게 굶주렸으므로 남방으로 취식하러 가는 관민이 길에 끊이지 않았고 중방重房, 어사御使, 대금관리坮禁官吏들이 궐문을 나서서 아사한 자가 많았다고 한다. 때는 마침 몽골의 침범이 자주 있어서 국내가 다난하였던 만큼 재해의 심각함이 평시에 비교할 바가 아니었던 것이다.

그리고 고려 말엽인 공민왕 대에 이르러서는 한재가 더욱 잦아서 한때는 전라, 경상 양 도에 아사자가 과반이었고, 도로에 버려진 아이들이 셀 수가 없었으며, 경도에서는 쌀 5승으로 베 1필을 살 수 있었고, 남방에는 길 가는 사람이 물을 얻어먹지 못할 지경이었으며, 웅진 나루에 강물이 줄어서 겨우 말 발을 적실 만했다고 한다.

고려의 한재 대책은 역시 삼국과 별다름이 없었으나, 다만 고려의 비황 기관이 점차 정비됨에 따라 구황 사업 또한 보편화되었다. 삼국의 재해 대책은 대개 임시 조치적이고 항구적 대책이 적었지만, 고려에 와서는 이창, 의창, 상평창의 창고 제도가 순서대로 발달하여 구재곡救災穀의 저비貯備와 곡가의 평형이 구재상救災上 위대한 공적을 나타낸 동시에 구제 사업은 국가 행정에서 점차 부문화 또는 전문화되었다. 제위보, 구제도감, 진제도감, 진제색이라는 구제 관서가 중앙정부 내에 있었고 동서대비원, 지방 각지 진제장의 구제 장소와 혜민국, 혜민전약국 등 구료 기관을 설치해 재민에 대한 혜정惠政을 매우 주도하였던 것이다.

이조의 재해로는 인조 7년 여름 가뭄이 유명했던 모양이다. 서호우로西湖右路가 더욱 심하여 물줄기가 고갈했으므로 어떤 곳에서는 목면 1필로 겨우 음료수 5~6동이를 살 수 있었다 하니 참으로 공전의 한재였던 것이다.

그러나 이조의 한재 대책은 일반 재해 대책과 함께 대개 고려의 제도를 답습하여 의창, 상평창제는 물론이요, 환곡법 성행과 사창제의 채용이 전대에 비교하여 일보 전진했다 할 수 있다. 상세한 내용은 생략한다.

한재 대책은 다른 재해 대책과 같이 재해 전후 두 가지로 나눌 수 있는데, 전자는 치수 사업, 즉 관개 저수 사업이 중요한 위치를 차지한다. 치수 사업은 조선 고대부터 농업 숭상과 함께 일찍이 발달했던 것이다. 단군조선 때 팽우彭虞가 치산치수했다고 하나, 이는 너무 예전 일이다. 신라의 일성왕은 주·군에 명령하여 가로되, 농업은 정치의 근본이요 양식은 백성의 근본이니 제방을 수축하여 전야를 열라 하였고, 흘해왕은 저 유명한 호남의 벽골제를 비로소 개설했는데, 둑 길이가 1800보라 했다. 백제의 구수왕은 담당 관청으로 하여금 국중에 명령을 선포하여 제방을 수축하게 했다. 이는 모두 한해에 대한 예비책이었다.

고려 역대에서도 저수 사업을 대단히 장려했다. 명종은 국중에 발령하여 제언을 정리하고 저수를 흘려보내(流潤) 황년을 면하고 민식民食을 족하게 했다.

이조에 이르러서는 태조 초년에 낭장郎將 정분鄭芬이 권농의 요체는 제언 수축에 있다고 왕께 건의했다. 태종, 세종, 문종 제 현군은 모두 제방을 쌓고 물을 저장하는 것이 가뭄을 막고 농업을 이롭게 하는 것임을 여러 번 하교하였고, 이조 법전인《경국대전》에 수령은 매년 관찰사에게 제언 수축을 보고하도록 엄격히 규정했다. 그 후 효종은 '제언사목堤堰事目'을 반행하였고, 현종은 예조참판 조복양趙復陽의 주청에 따라 제언사堤堰司를 복설했다. 비황의 책이 제언 관개에 오로지 있는 것은 조복양의 탁론이었다. 그리고 숙종 대에 명유名儒 윤휴尹鑴는 계를 올려 가로되, 수리는 농정의 근본이니 외방의 제언 붕괴처는 농경 전에 수축하지 않으면 안 될 것이나 만일 기민 진휼 행사가 있으면 그 진휼을 받은(被賑) 인민을 소집하여 제때 수축하는 것이 대단히 편리하다고 했다. 흉년 진구賑救가 저수貯水의 이리만 같지 못하다는 것은 주자의 말이므로 이조의 유신儒臣들은 가끔 이 말을 인용하여 수리방한水利防旱을 철저히 주장했던 것이다.

이제 관개 기구의 하나인, 즉 양수 기구인 수차水車에 대하여 여론餘論을 대신하고 붓을 던지려 한다. 수차 사용을 처음으로 주장한 이는 고려 공민왕 때 유명한 유신 백문보白文寶*였다. 그는 중국에서 만든 수차가 비한간황備旱墾荒에서 제일 양책이라고 왕께 말했다. 그 후 이조 연산군 6년에 호서湖西가 크게 가물었으므로 유신 최부崔溥는 재해 지역에 가서 수차 제도를 가르쳤는데, 그는 일찍이 배가 표류하여 중국 소흥紹興에 가서 수차 운용을 견습하였던 것이다.

그 후 역대 군신은 수차 사용을 많이 장려하였고, 고종 광무 2년에는 수륜과水輪課를 설치하였으니 한해 대책에 관한 고심을 가히 엿볼 수 있는 것이다.

---

* 백문보(?~ 1374). 고려 말기의 문신. 충숙왕 때 과거에 급제해 춘추검열을 거쳐 우상시에 올랐으며, 공민왕 초에는 전리판서가 되었다.

해설

1940년대 최익한의
사회 구제 제도 연구

머리말

한국 현대사학사에서 '해방과 역사학자의 동향'을 다룰때 해방이 되면서 일제강점기의 중요 논저들이 복간되거나, 종전의 저술이나 신문 잡지에 연재한 글을 모으거나 수정, 보완하여 간행된 여러 책들을 소개하는데, 그 가운데 하나가 최익한(1897~?)의 《조선 사회 정책사》다. 최익한은 일제강점기 사회주의 운동가이자 국학자로 활동하였는데, 해방 후 정당 활동을 하는 가운데 이 책을 간행했다.

　최익한은 일제강점기의 역사적 인물, 사건, 유물, 향토 답사기, 문학, 중요 고전, 심지어 중국 역사에 이르기까지 수많은 글을 썼다.* 그 가운데 전통 사회의 재해와 구제 정책에 대한 관심도 있었다. 1940년 〈동아일보〉에 '재해와 구제의 사적史的 단편관斷片觀'을 처음으로 연재하였고, 1941년 잡지 〈춘추〉에 '조선의 후생 정책 고찰', '한재와 그 대책의 사편史片' 등 관련된 주제로 글을 썼으며, 해방 후 이를 모아 《조선 사회 정책사》라는 제목으로 책을 간행했다. 이로써 이 책은 우리나라 사회 구제 제도의 역사에 관한 첫 번째 저작이 되었다. 더구나 현재 우리나라 사회보장(또는 사회복지)의 역사를 정리할 때, 전근대의 구제 제도에 대해서는 대부분 최익한의 글을 활용한다. 이런 점에서 우리나라 사회 구제 제도 연구에서 이 책이 가지는 비중을 정리해보는 것도 의미가 있을 것이다.

---

* 이런 점 때문에 조동걸은 최익한이 사회주의 운동가임에도 후기 문화 사학자로 분류하면서 역사학 방법론의 입장에서는 관념사학자로, 식민지 현실 인식의 기준에서는 민족주의 역사학자로 분류했다 (조동걸, 《현대한국사학사》, 나남출판, 1998, 316쪽).

특히 최근 복지사회에 대한 요구가 증대되면서 사회보장제도에 대한 관심이 더욱 높아지고 있다. 민주화의 실제 내용으로서 우리 사회가 나아갈 방향을 복지사회라고 한다면, 역사 속에서 그 전통을 찾고 이를 역사 교육에 반영하는 것도 중요한 일이라고 하겠다. 현재 역사 교육에서 이 같은 사회 정책에 대한 언급은 매우 적다. 당시 구제 제도가 왕정(또는 지배층)의 시혜 차원에서 이루어진 측면이 크기 때문이다. 그러나 시대적 한계가 있더라도 그 실상과 지향점을 찾아 나가는 일은 필요하다.

여기서는 우리나라에서 사회 구제 제도에 대한 논의가 어떻게 진전되었으며, 최익한이 일제강점기에 이러한 주제로 글을 쓰게 되었던 계기와 성과를 검토해보고자 한다. 그리고 나아가 일제강점기에 실학과 국학에 많은 저술을 남긴 최익한에 대한 연구이자 '문화 사학'을 이끌어 나간 다양한 분야의 연구자에 대한 검토의 일환으로 이 책을 분석해보고자 한다.

'구제 제도'에 대한 관심과 《조선 사회 정책사》 간행

일제강점기에 들어 조선 경제가 일본에 예속되면서 여러 가지 사회경제적 문제가 발생했다. 더구나 일제에 의해 전통적 농업 사회가 해체되면서 빈곤에 따른 여러 가지 사회문제가 일어났다. 일제는 시혜 또는 자선을 표방하면서 구호 행정을 전개하였는데, 이는 미봉적이면서 식민 정책의 수단에 지나지 않았다. 대표적으로 구빈사업의 재원은 천황의 임시 은사금이었는데, 이를 식민 지배를 미화하고 사회 교화의 수단으로 활용했다.

이런 속에서 총독부에서는 조선시대 사회 구제 제도에 대해서 조사하기 시작한 것으로 보인다. 조선총독부 내무국 촉탁으로 있던 이각종李覺鍾이 1921년〈조선朝鮮〉잡지에 두 차례에 걸쳐 '조선의 구제 제도 연혁朝鮮に於ける救濟制度の沿革'을 수록하였으며, 〈매일신보〉에 '사회 구제 사업의 사적 고찰'을 12회에 걸쳐 연재했다. 이 글은 1929년 조선총독부(내무국 사회과)에서 식민지 조선의 각종 사회사업 단체와 그 활동을 정리한《조선의 구제 제도 연혁朝鮮に於ける救濟制度の沿革》이라는 책에 조선시대의 이 부문의 추이를 보여주기 위해 부록으로 실은 것이다. 조선의 여러 가지 구관舊慣에 대한 총독부의 조사 차원이라고 볼 수 있다. 그 뒤 역시 총독부에 근무하였던 아소 우미麻生武龜가 1931년〈이조의 농창과 지방 경제李朝の農倉と地方經濟〉(《조선 지방 행정》10-1)라는 논문과 1933년에는〈조선시대 창고와 사창社倉 정책〉(《조선학보》1) 등을 집필했다. 그는 조선총독부 임시토지조사국 총무과에 근무하였으며, 1920~1930년대에는 중추원 편집과, 조사과 등에서 근무했다. 그리고 조선사 강좌에서도 재정사財政史 부문을 담당한 인물이었다.

한편 1933년에는 총독부의 '구관 제도 조사舊慣制度調査' 중 하나로서《사환미 제도社還米制度》라는 책이 나왔다. 사환미는 1894년 환곡 제도 개혁과 더불어 탁지부에서 실시한 제도인데, 이 책은 일제의 입장에서 최종 제도의 명칭을 통해 조선 사회의 환곡 제도를 정리한 것이었다. 이 또한 총독부 촉탁인 아소 우미가 각지에 산재한 사료들을 모아 작업하였는데, 조선시대를 중심으로 의창, 사창, 상평창의 운영과 함께 《곡총편고穀摠便攷》, 《만기요람》 등을 통해 지역, 기구별 곡물량과 운용을 정확하게 분석했다.

한편 최익한의 글의 한 주제가 되었던 재해에 대해서는 1928년 총독부에서 정리한 《조선의 재해》가 있다. 재해에 따라 구제 제도가 마련되었기에 최익한도 이 책을 참고하고 활용했다. 아마도 그의 책에서 거론하였듯이 이즈음 일어난 큰 재해, 이를테면 1923년의 관동대지진, 1939년의 대가뭄 등 큰 사건도 재해의 심각성을 이해하는 데 영향을 주었던 것 같다.

최익한은 1940년 〈동아일보〉(1940년 1월 1일부터 3월 5일까지)에 '재해와 구제의 사적 단편관'이라는 글을 연재하였는데, 이는 우리나라 구제 정책에 대해 처음으로 통사적으로 정리한 글이었다. 이 시기는 세계적 대공황의 여파, 일제의 가혹한 식민 정책과 침략 전쟁으로 인해 조선인의 빈곤이 심화되었던 시점이었다. 이 글의 연재와 함께 〈동아일보〉(1940년 1월 4일)에서는 '현하 긴급한 사회 시설'이라는 제목으로 당시 주택, 부랑자, 유아 요양, 무료 치료소, 탁아소 등 다양한 사회 정책에 대한 특집을 실었다. 이때 최익한이 쓴 글로 보이는 '구제 제도의 사고史考'(1940년 1월 4, 8일)에서 "과거 조선의 구제 제도는 오늘날 보아도 새로이 인식할 만한 것이 있다"라고 했다. 그의 연재는 이 같은 특집과 관련이 있는 것으로 보인다. 최익한은 총독부와 달리 우리 입장에서 우리 역사 전반을 다루면서 전통 사회의 사회 구제 제도를 정리하고자 했다.

그러나 제목 속에 '사적 단편관'이라는 표현을 붙였듯이 체계적으로 작성한 글은 아니었다. 실제 최익한이 신문에 가장 장기 연재하였던 '《여유당전서》를 독함'(1938년 12월 9일에서 1939년 6월 4일까지 65회에 걸쳐 연재)에 비교하면 매우 체계가 부족한 편이다. 연재마다 하나의 내용을 담지 못하여 지면에 맞춰 끊어서 싣기도 하고 내용에 맞춰 차례도 완전하게 갖추지 못했다.

그 뒤 1940년대에 논문, 논설을 실을 수 있는 지면인 〈춘추〉에 '조선의 후생 정책 고찰'(2권 11호, 1941년 12월)이라는 우리나라 구제 정책을 종합적으로 살펴보는 글과 '한재와 그 대책의 사편'(3권 9호, 1942년 9월)이라는 한재 중심의 글을 쓰기도 했다. 이 같은 글을 모아 해방 후 《조선 사회 정책사》라는 제목을 붙여 책을 간행했다.

최익한이 사회 정책에 관심을 둔 것은 '재해와 구제의 사적 단편관'이라는 그의 글 제목처럼 역사상 끝없이 진행된 재해와 그를 구제하고자 노력해왔던 사실에 대한 관심 때문이었다. 여기서 먼저 문명과 재해 간의 관계를 설명했다. 곧 문명은 자연을 이용, 정복하는 것이라면, 재해는 자연의 폭위가 인간의 생존이나 생활 조건에 손상을 입히는 것이어서 문명과 재해는 상반되는 성질을 가지고 서로 되풀이되어 왔다는 것이다. 그러면서 문명이 증진됨에 따라 재해의 폭력이 감쇄되어왔다는 점과 아울러, 재해와 사회의 기근이 일종의 방정식임을 강조했다. 따라서 이 같은 재해를 시기마다 어떻게 구제하려고 하였는가에 관심을 가졌으며, 이와 같은 대책이 필요함을 '조선의 후생 정책 고찰'에서 더욱 분명히 정리했다. 서구 사회에서 구빈법 등 사회 정책이 있었듯이 우리나라에서도 이러한 대책을 찾으려고 했다.

최익한이 직접 재해와 구제에 대해 글을 쓰게 된 것은 다산 연구와 관련이 있다. 최익한은 1930년대에 다산 연구에서 시작하여 실학과 우리나라 역사와 문화 전반에 대해 수많은 글을 썼다. 재해에 대한 관심도 다산 연구에서 비롯된 것으로 보인다. 그것은 정약용이 황정荒政에 관해 대단히 관심이 있었기 때문이다. 가령 본서 '황정과 지방관' 항목에 그는 다음과 같이 쓰고 있다.

> 이상의 기술을 보면 황정과 지방관의 관계를 가히 알 수 있는 동시에, 이조 법전의 취지가 또한 우연하지 않은 것을 알 수 있다. 그러므로 이조 이래 우수한 황정을 펼친 지방관이 적지 않았으며, 그 전통적 관심의 결정이 다산 정약용의 《목민심서》와 같은 유수한 명서名書를 산출하게 하였던 것이다.

곧 황정에 대한 관심이 《목민심서》와 같은 명서를 작성하게 된 중요한 원인이라고 여기고 있다. 실제로 《목민심서》에는 황정과 관련된 내용이 많다. 〈진황〉6조에서는 직접 황정에 관한 다양한 정책을 다루었으며, 〈애민〉6조의 마지막 조항은 바로 '구재救災'였다. "황정이 잘 되어야 목민관이 해야 할 가장 중요한 일이 끝난다(《목민심서》〈진황〉6조 '비자備資')"라는 다산의 주장을 읽으면서 상당히 공감했을 것이다. '사적 단편관'의 마지막 연재를 다산의 《경세유표》에 실린 '환자론還上論'으로 마친 것도 그런 뜻을 비친 것으로 보인다.

또 하나 의문을 던질 수 있는 것은 1947년 시점에서 왜 《조선 사회 정책사》를 펴냈을까 하는 점이다. 그것은 무엇보다도 당시 사회적인 측면에서 이 분야에 대한 관심이 절실했던 것으로 판단한 듯하다.

해방 초에는 정치적, 사회경제적 혼란과 해외 귀환 이재민 등으로 인하여 사회가 대단히 어려웠다. 그러나 미군정은 사회 구제 측면에서 체계적인 계획을 세우지 못했으므로 이에 대한 관심이 절실한 형편이었다. 주변의 강청에 따라 책을 낸 것도 이런 의미를 담고 있을 것이다.

《조선 사회 정책사》는 1947년에 간행되었지만, 머리말은 1946년 8월에 작성된 점으로 본다면 간행을 서둘렀다고 볼 수 있다. 사실 해방이 되었으므로 일제강점기까지 포함하여 내용을 보완하여 정리할 수도 있었을 것이다. 그러나 당시 최익한은 조선인민공화국, 사로당, 근민당 등에서 활동하던 상황이었으므로 그 같은 여유를 가지기 어려웠다. 따라서 일단 기존의 글을 모아 '사회 정책'에 대한 책을 발간하는 데 그쳤다.

《조선 사회 정책사》의 구성과 성과

체제와 구성

이 책은 머리말에서 언급하였듯이 기존에 썼던 세 가지 글을 거의 그대로 묶어서 냈다.

- '재해와 구제의 사적 단편관', 〈동아일보〉, 1940년 1월 1일 ~1940년 3월 5일.
- '조선의 후생 정책 고찰', 〈춘추〉 2권 11호, 1941년 12월.
- '한재와 그 대책의 사편史片', 〈춘추〉 3권 9호, 1942년 9월.

최익한은 1928년 제3차 조선공산당 사건으로 체포된 뒤 7년형을 살고 1936년 출옥한 뒤 정약용에 대해 글을 쓰기 시작했다. 1938년에는 〈조선일보〉에 주로 글을 실었고, 1938년 말 〈동아일보〉에 '《여유당전서》를 독함'을 6개월가량 연재하기 시작하여 1940년 8월 폐간될 때까지 계속 〈동아일보〉에 글을 실었다. '재해와 구제의 사적 단편관'은 〈동아일보〉에 두 달 남짓 연재되었는데, 1940년 1월 1일부터 시작하였으니 신년 특집이라고 할 만하다. 우리나라에서 일어난 재해와 그에 대한 구제책에 관해 전 역사적 흐름을 상당히 자세하게 정리했다. 신문 연재로서는 딱딱한 글이지만 의욕적으로 연재를 했다.

'조선의 후생 정책 고찰'은 1940년 〈동아일보〉가 폐간된 뒤 〈동아일보〉 기자였던 양재하梁在廈가 중심이 되어 1941년 2월 창간한 〈춘추〉에 실린 글이었다. '후생 정책'이라는 이름으로 재해와 구제에 대해 간단하게 정리했다. 앞의 글과는 달리 구제의 중요 정책을 중심으로 정리했다. 잡지에 한 회 실은 글이므로 길지는 않지만 후생 정책 전반을 다룬 중요한 글이었다.

'한재와 그 대책의 사편'은 제목에서 보듯이 '재해와 구제의 사적 단편관'과 비슷하지만, 여기서 잘 다루지 않았던 한재 문제에 대해 간략하게 보완한 글이다. 본래 1942년 9월에 〈춘추〉에 실었으니 가장 나중에 작성한 글이었다. 이처럼 1940~1942년간 연속적으로 같은 주제에 대해 글을 썼다는 것은 이 무렵 구제 제도가 최익한에게는 꽤 중요한 관심사였다고 할 수 있다.

이러한 글들이 《조선 사회 정책사》를 발간하면서 순서가 바뀌고 제목이 정비되었다. 먼저 간단한 머리말을 작성하여 사회 정책에 대한 견해와 함께 일제강점기에 이에 관한 글을 쓰게 된 계기, 그리고 책을 간행하게 된 이유 등을 간단히 실었다. 다음으로는 '조선의 후생 정책 고찰'을 '조선 사회 정책사 개관'이라는 제목으로, '재해와 구제의 사적 단편관'을 '조선 구제 제도 발달사'라는 제목으로 수록했다. 마지막에 넣은 '한재와 그 대책의 사편' 또한 구제 제도의 한 부문이므로 제목상으로는 '개관'과 '구제 제도 발달사'로서 어느 정도 체계를 갖춘 셈이었다.

먼저 새로 보완된 머리말을 통해 이 글을 쓰게 된 계기와 전근대 사회 정책의 의미를 간단히 정리했다.

> 회고컨대 집필 당시에는, 즉 중일전쟁이 심각해짐에 따라서 일제 파쇼는 이른바 '황민화' 운동을 통하여 조선 민족 문화를 그 근본부터 폭력적으로 무너뜨려 없애버리려 하던 때였으므로 과거의 제도를 가탁假託하여 민족 고유문화의 일단을 과시하는 것은 한 개 모험적 선전이었으며, 따라서 의의를 내포한 것이었다.

또한 '논제와 자수가 제한받은 것이며 자유 연구의 가치를 갖지 못한 것'이며 또한 '동호자同好者의 강청에 의하여 묵은 원고를 정리되지 못한 채로 보낸다'는 한계를 밝히면서 비판을 청하고 있다.

그다음 '조선 사회 정책사 개관'은 앞서 보았듯이 일제강점기 '조선의 후생 정책 고찰'에서 제목을 바꾼 것으로, 후생 정책보다 더 포괄적인 사회 정책의 역사를 개관하는 내용으로 규정한 것이었다. 이를 통해 사회 정책의 의미 그리고 고대부터 사회 정책이 있었지만, 봉건시대에 들어와 구체적인 제도가 나타난다는 점을 들고 진휼賑恤, 시식施食, 견감

蠲減, 진대賑貸, 권분勸分, 원납願納, 경조輕糶, 방곡放穀, 보양保養, 구료救療 등 여러 제도를 통사적으로 간략히 정리했다. 그러나 비황備荒 기관인 상평창, 의창, 사창 등을 지면의 제한 때문에 정리하지 못한 점을 아쉬워했다.

개관 이후 대부분의 내용은 '조선 구제 제도 발달사'라는 이름으로 체제가 구성되었는데, 일제강점기 '재해와 구제의 사적 단편관'이라는 제목으로 27회에 걸쳐 연재한 내용을 지엽적인 문제를 약간 손질한 것 외에는 거의 그대로 담고 있다. '한재와 그 대책의 사편' 또한 본래의 글을 그대로 실었다. 이처럼 기존의 글을 모은 수준에서 간행하였으므로 머리말에서 보듯이 고민의 흔적은 찾아볼 수 있지만, 실제 책을 만드는 과정에서 새로운 노력이 들어간 것은 아니었다.

주요 내용과 성과

이제 일제강점기의 신문 글을 떠나서 책에 초점을 맞추어 먼저 전체적인 차례를 보다 자세하게 정리하고, 간략한 내용을 소개하고자 한다. 부와 장 구분은 필자가 달았다. 그리고 제목 뒤의 숫자는 신문 연재 횟수를 적어서 대략적인 양을 가늠하고자 한다.

1부 조선 사회 정책사 개관:
서언•
1. 진휼 정책

• 아무런 제목 없이 앞머리에 달린 글을 모두 편의적으로 '서언'이라고 붙였다.

2. 시식 정책

3. 견감 정책

4. 진대 정책

5. 경조 및 방곡 정책

6. 권분

7. 보양

8. 양로

9. 의료 정책

2부 조선 구제 제도 발달사

1. 서언*(1~2회)

2. 조선 종래 재해(3회)

3. 조선 종래 구제(4~27회):

1) 삼국의 구제 제도:

서언*

신라의 구제 제도(이상 4회)

고구려의 구제 제도

백제의 구제 제도

삼국 황정의 비교(이상 5회)

2) 고려의 구제 제도(5~9회)

(1) 구제 제도:

① 은면지제恩免之制

② 재면지제災免之制

③ 환과고독진대지제鰥寡孤獨賑貸之制

④ 수한역려진대지제水旱疫癘賑貸之制

⑤ 납속보관지제納粟補官之制

(2) 구제 기관:

① 제위보

② 구제도감, 진제도감, 진제색

③ 동서대비원

④ 혜민국, 혜민전국

⑤ 이창, 의창, 상평창, 유비창, 연호미법

(3) 고려 황정 정리

3) 이조의 구제 제도(10~27회)

(1) 황정 정책(10~12회):

① 황정의 책임

② 황정의 신속

③ 황정과 왕언

④ 황정과 지방관

(2) 이조 황정 기관(13~18회):

① 구황청, 상평청, 선혜청, 진휼청, 혜민원, 총혜민사, 분혜민사

② 창제 - 의창, 상평창, 사창, 교제창 · 제민창

(3) 이조 구황 실적(19~27회):

① 진휼

② 시식

③ 구황 방문

④ 견감

⑤ 진대:

가. 진대와 의창

나. 진대와 환곡

다. 환곡의 취모법取耗法

라. 환곡의 설폐說弊와 구폐救弊

보론: 한재와 그 대책의 사편史片

먼저 중요 내용을 정리해보자.

1부 '조선 사회 정책사 개관'에서는 약간의 서언 격인 내용과 함께 진휼, 시식, 견감, 진대, 경조, 방곡, 권분, 보양, 양로, 의료 등의 내용을 정리했다. 이 가운데서도 진휼, 시식, 견감 등은 일찍이 행해졌고, 진대는 진휼의 발전 과정으로 보았다. 특히 고구려 고국천왕 때의 진대법은 이전에 수시로 이루어지던 구제책에서 항시적이고 세민을 위한 구제책이라고 평가했다. 의료 정책에서도 '주곡主穀, 주병主病 등 전설을 보면 의료 구제는 식량 구제와 함께 신시神市 시대부터의 국가 사업'이라고 한 점도 주목된다.* 마지막으로 이 글을 통해 소략하지만 지난 시기 조선 사회 정책의 일반을 개술했다고 평가했다. 다만, 비황 기관인 상평창, 의창, 사창의 3창을 논구해야 하는데, 지면 때문에 쓰지 못한다고 끝맺었다.

2부 '조선 구제 제도 발달사'는 최익한이 보는 우리나라 구제 제도

---

* 최익한은 이곳 외에도 '조선 구제 제도 발달사' 서언에서는 《조선고기》에 대한 인용, '조선 종래 재해'에서는 고조선 지역에 대한 언급, '조선 종래 구제'에서는 기자조선의 사례 등 고조선과 관련된 내용을 여러 곳에서 언급했다.

에 대한 통사다. 1장 서언은 본래 제목을 달지 않았지만, 신문 연재 첫 회분으로서 서언이라고 할 수 있어 그렇게 이름을 달아보았다. 서언에서는 먼저 구제 제도의 중요성, 문명 증진과 재해의 관계 등을 다루었다. 가령 문명이 발달하면 재해를 입더라도 빠르게 복구되고 한층 더 미화되기까지 하지만, 문화가 저열한 사회에서는 폐허가 되고 만다고 하여 문명을 중시하는 모습을 보여준다.

다음으로《이아爾雅》,《곡량전》,《조선고기》,《예기》,《주례》등 중국과 조선의 고전에 나오는 황정의 내용을 통해 요·순·우·탕 시절과 고조선 시기의 재해 정책을 다루었다. 특히《삼국유사》에 나오는《조선고기》의 기사를 인용하여 환웅천왕이 풍백, 운사를 거느리고 주곡주명主穀主命했다거나, 단군시대에 홍수 우려가 있어서 왕도를 평양에서 장당경으로 옮겼다는 언급을 한다. 그 다음으로는《예기》,《주례》등을 인용하여 구제, 구휼에 대한 사상과 제도는 유럽보다 동양, 특히 중국에서 일찍부터 발전해왔으며, 주나라 때 상당히 완비되었고, 이같은 황정이 조선과 일본에 수입되어 근대까지 내려왔다고 했다.

2장 '조선 종래 재해'는 신문의 1회분에 지나지 않을 정도의 분량으로 간단하게 정리했다. 여기서 우리나라가 자연의 보고라는 점과 한반도는 대륙과 해양의 영향을 엇갈리게 받아서 기상학적으로 특별하여 여러 가지 재해를 입어왔다고 보았다. 총독부에서 발간한《조선의 재해》를 인용하여 한재, 홍수, 폭풍, 지진, 상해, 박해, 수재 등의 개략적인 횟수와 각각의 첫 번째와 마지막 사건을 소개하는 정도였다. '재해와 구제'를 다룬다고 하였지만, 재해의 상황을 자세히 소개하는 점 이상의 의미는 두지 않았음을 알 수 있다.

이 책의 가장 중요한 초점은 3장 '조선 종래 구제'다. 여기서 조선은 우리나라 전체를 가리킨다. 서언에서 기자조선의 구제에 대해 간단히 언급한 다음, 신라, 고구려, 백제 삼국과 고려, 조선의 구제에 대해 정리했다. 그러나 앞에서 보듯이 삼국은 2회분, 고려는 5회분, 조선은 18회분이므로 절대적으로 조선 중심이었다. 특히 1862년 농민항쟁에 따른 이정청 설치와 파환귀결 결정 그리고 1894년 갑오개혁 때의 사환미 제도까지 다루어서 그야말로 우리나라 사회 정책에 대한 통사라고 할 수 있다.

이 장에서도 서언 격으로 단군이 팽우에게 산천을 다스리라고 한 일과 기자조선 때 행해졌던 윤환법輪環法, 제양원濟養院 등의 구제책을 다루었다.* 근거는 밝히지 않았지만 모두 신뢰하기 어려운 책이기 때문에 그 자신이 이 책을 인용하면서도 '확실치 않은 기록'이라고 한계를 지웠다.

다음으로 자연재해에 관한 구제의 발자취는 반드시 삼국시대부터 시작해야 한다면서 삼국시대를 《삼국사기》를 이용하여 정리했다. 각국의 왕대를 따라 꼼꼼히 정리하였지만, 다만 《증보문헌비고》가 진휼에 대해 연대순으로 잘 정리한 책이기 때문에 이를 많이 참고했다.

삼국의 사례를 열거한 다음에는 삼국의 황정을 서로 비교했다. 사실 삼국의 황정은 서로 대동소이했지만, 구제 횟수가 신라가 훨씬 많은 것은 기본적으로 신라의 기록이 비교적 완전했기 때문이고, 한편으로 고구려와 백제는 수렵과 전투가 생활의 중심이어서 농민 정책은 신

---

* 내용으로 봐서 전자는 《환단고기》(태백일사), 후자는 《대동사강大東史綱》에서 인용한 것으로 보인다.

라가 일보 전진했으리라고 주장했다. 특히 고국천왕 때의 진대항식과 신라 문무왕 때 '빈한한 백성이 남의 구곡을 대출한 자는 풍년을 기다려 상환하되, 더 빈곤한 자는 원리元利를 모두 면제'시켰던 정책, 그리고 백제는 사양주私釀酒 금지, 수재로 손상 입은 토지를 관비로 보수한 것, 성을 쌓아 토목공사를 통해 구제 정책을 취한 것 등에 대해 높이 평가했다. 그리고 이 시대의 비황·구흉은 경제 정책을 넘어서 국방상 중요한 정책이라고 주장하였는데, 이 점은 뒤에서도 한결같이 강조했다. 군마를 위해 군량을 축적하고 이를 위해 농산물을 풍부하게 하고 또 이를 위해 농민을 보호해야 하므로 황정을 열심히 할 수밖에 없다는 것이다. 다만 이 같은 문제를 원시 공동체의 유속으로 설명한 것은 타당하지 않은 것 같다.

'고려의 구제 제도'는 크게 구제 제도와 구제 기관으로 나누어서 설명했다. 삼국시대와 달리 서언 격의 글도 없이 바로 《고려사》〈식화〉 '진휼'의 분류를 따라 구제 제도로는 ① 은면지제恩免之制, ② 재면지제災免之制, ③ 환과고독진대지제鰥寡孤獨賑貸之制, ④ 수한역려진대지제水旱疫癘賑貸之制, ⑤ 납속보관지제納粟補官之制 등으로 정리하였고, 그다음 구제 기관은 ① 제위보, ② 구제도감, 진제도감, 진제색, ③ 동서대비원, ④ 혜민국, 혜민전약국, ⑤ 이창, 의창, 상평창, 유비창, 연호미법으로 나누어서 간략하게 정리했다.

먼저 구제 제도로는 재면지제, 수한역려진대지제 외 나머지 제도는 직접 구제 제도에 속하진 않지만 넓은 의미에서 관련된다고 보고 모두 정리했다. '은면恩免'은 조용조 등 부세와 포흠 등에 대한 처벌을 면제하는 것으로 개국開國, 즉위卽位, 재제齋祭, 순행巡幸, 불사佛事,

경사慶事 그리고 전란이나 역역을 부린 뒤, 그 밖에 적당한 기회에 인민에게 베푸는 은전이었다. 왕건이 개국 이후 3년간 조세와 부역 면제 등을 내린 이후 공양왕에 이르기까지 중요 은면을 정리했다. '재면災免'은 이재민에게 조세조역租稅調役과 형벌을 면제해주는 것으로, 성종 때 자연재해로 전답이 피해 입은 정도를 계산해서 재면의 율을 정한 것을 비롯하여 각종 재면을 정리했다. '환과고독의 진대賑貸'는 궁민을 대표하는 홀아비, 과부, 고아, 자식 없는 늙은이에 대한 구휼로 정리했다. '수한역려에 대한 진대'는 재면과 짝을 이루는 구제 정책의 대표적인 것으로 재면이 조세, 형역刑役 등을 면제, 감소해주는 것인 데 반해, 이 제도는 이재罹災 궁민에게 쌀, 소금, 죽 등을 지급하여 전자가 소극적이라면 후자는 적극적이어서 이것을 더욱 왕정의 중심으로 보았다. 따라서 진휼 5조 가운데 횟수와 범위가 가장 광범위하다고 평가했다. 여러 사례를 열거한 다음, 이에 대한 해석도 상당히 자세하며, 그 내용은 제위보, 구제도감, 대비원 등 구제 기관과도 서로 맞물려 있다. 또한 원 간섭기에 원의 구제 행정에 대해서도 소개하면서 원이 고려의 기근 시기에 몇 차례 물자를 공급하였지만, 이는 '대탈大奪을 지속하려는 소여小與'에 지나지 않으며, 그나마 일부는 빈민 진급보다 궁인과 부자에게 주어졌음을 비판했다. 마지막으로 '납속보관'은 고려 황정의 종래 제도가 아니었음을 강조하였는데, 실제 사례도 원 간섭기에 이루어졌다는 점에서 더욱 분명했다.

이상 구제 제도를 설명한 뒤 별도의 제목을 달지 않고 글을 나누면서 고려 황정의 특징을 약간 정리했다. 이는 실제로는 '고려의 구제 제도'의 서언 격에 해당한다. 곧 삼국시대와 고려시대의 황정을 비교하면서 삼국시대는 고구려 고국천왕의 진대법과 신라 문무왕 대의 조상법糶償法*이 대표적이지만, 종래 원시적 진휼법에서 일보 전진하였지만, 임시 대응적 성격을 탈피하지 못했다. 하지만 고려에 들어와서는 국가사업의 전 체계에서 점차 부문화하여 독자적인 기관을 구비했다는 것이다. 최익한은 이 점이 구제 사업이 국가사업으로 발전하는 과정을 보여주는 것이라고 했다.

다시 말하면 삼국시대는 사회의 단위와 경제적 범위가 주로 촌락 공동체와 부족취합제였으므로 진휼 행사는 국고창곡에 의거하는 것이 아니라 각 촌락, 각 부족의 창고에 의한 것이라고 주장했다. 반면 고려에 들면서 황정이 부문화, 전문화되면서 황정이 의존 활동하는 기관이 갖추어졌다고 하여 구제 기관의 형성에 대한 역사적 맥락을 들고 있다. 곧 고려 황정의 특징을 말하면서 다음 순서인 고려의 구제 기관으로 설명을 진행하였던 것이다. 이에 따라 ① 제위보, ② 구제도감, 진제도감, 진제색, ③ 동서대비원, ④ 혜민국, 혜민전약국, ⑤ 이창, 의창, 상평창, 유비창, 연호미법을 열거했다.

그러나 실제 기관에 대한 설명은 극히 단순했다. 물론 구제 제도는 '진휼'을 거의 활용하였기에 사례를 들기 편했던 점이 있었지만, 구제 기관은《고려사》전체를 재구성해야 하는 부담이 있다. 제위보에서 혜민전약국까지의 기구는 아주 간략하게 설명하였고, 제창諸倉에 대해서는 뒤에서 다시 설명하는 것으로 돌렸다.

---

* 자모구면법子母俱免法에 대한 다른 표현으로, '조인미곡자糶人米穀者 대풍상환待豊償還'을 따서 조상법이라고 칭했다(이 책, 79쪽).

마지막으로 고려 구제 제도에 대해 종합적으로 정리했다. 고려는 불교의 전통과 영향으로 군덕은 자비를, 인정은 구빈을 목표로 삼아서 역대 군주가 황정에 주력하였고, 승려와 양반 부호도 구제 사업을 했다고 주장했다. 그러나 구제 제도는 사람과 방법을 얻지 못하면 무용지물이 되고 만다는 점을 강조했다. 이를테면 고려 말 혜민국, 제위보, 동서대비원 등은 기능의 정체는 물론, 건물 자체까지 허물어져가고 있음을 지적했다. 또한 경제적 조직이 사회 제도의 기초를 제공하지 못하면 구제 사업은 실질적 효력을 발휘하지 못하고 결국 국가가 멸망할 수밖에 없다고 해석했다. 이는 구제 사업은 경제적 조직이 튼튼해야 가능하다는 점을 강조한 것으로 보이고, 그러기 위해서는 새로운 국가가 필요하다고 연결 지은 것이다.

다음은 조선의 구제 제도다. 최익한은 조선의 성립 의미를 특권 계급의 세습적 장원과 겸병에 의한 사전私田을 몰수하여 신흥 양반 계급에의 토지 재분배, 그리고 이에 동반하여 이익을 얻은 일반민의 균점均霑 등에 두었다고 강조했다. 즉 건국의 기본 조건이 경제 정책에 있었다는 것이다. 따라서 조선의 황정은 고려와 비교하면 제도와 운용이 한층 발달했다고 주장했다. 다만 고려가 불교의 자비를 황정 정신으로 삼았다면, 조선의 황정은 유교의 정치적 이상을 추구했다고 보았다. 조선 황정의 내용은 구황 면에서 견감, 진대, 진휼, 시식, 경조, 방곡 등과 비황 면에서 의창, 상평창 설치라는 점을 들어 고려와 별다름이 없다고 했다. 그러나 조선 황정의 특징은 봉건적 집권의 완성과 유교 문화의 역사적 수련, 쇄국적 승평 기간의 장구長久 등에 의해 유제를 확장하고 조직을 세밀화했다고 보았다.

따라서 고려에서 구제 제도를《원사》〈식화〉에 맞춰 5조로 분류해 열거하는 것과 달리, 조선에서는 황정의 책임, 황정의 신속, 황정과 왕언, 황정과 지방관 등의 구성으로 '유교적 인정仁政'을 강조하는 방향으로 설명했다.

곧 '황정의 책임'에서는 '기근에 빠진 궁민에 한해서는 국가로서 반드시 구제하지 않으면 안 될 의무를 짊어졌다'라고 보았다. 이를테면 태조 7년 대신이 국가 여축을 걱정하는데도 왕은 기민을 진구賑救하라고 하거나, 세종 원년 감사와 수령이 구휼하지 않으면 치죄하고 한 사람의 아사자가 있더라도 용서하지 않겠다고 발언한 점을 들었다. 다음으로 '황정의 신속'에서는 조선의 황정은 특히 신속을 원칙으로 했다는 다소 비합리적인 해석을 하면서, 가령 태종은 '편의를 좇아 임의 진휼하라'는 명령까지 내렸다는 점을 들었다. 지방관으로서도 김숙자가 법에 저촉되더라도 군수軍需를 내어 기민을 진대한 사실을 열거했다. '황정과 왕언'에서는 농업 사회에서 토지 특권 계급이 황정에 특수한 관심을 가지는 것은 당연하다고 하면서도 조선의 역대 군주가 흉황에 대해 보여주는 태도를 매우 높이 샀다. 가령 계사啓事에 황정을 첫머리로 하도록 하거나(세종), 내탕內帑을 하사하거나 어공으로 기민을 먹이거나(선조·숙종), 친히 아사민餓死民을 위해 제문을 쓰거나(숙종), 감사로 하여금 기민도饑民圖를 올리도록 하거나(영조), 비국당상에게 '혜정연표惠政年表'를 만들도록 하거나(정조), 홍화문에 친림하여 유걸流乞에게 죽을 먹이는(영조) 일 등을 열거했다. 이 같은 조선 역대 군주의 재해와 기근에 대한 왕언王言을, 유례를 찾기 힘들 정도로 조선의 독특한 문화로 보았다. 국왕의 의례적인 표현으로 해석될 부분까지도 높이 평가한 셈이었다. '황정과 지방관'에서는 황정이 국정의 중요 절목이어서 군주와 정부의 대동적 관심을 필요로 하는 것이며, 그 밖에 모든 기관이나 문무백관 누구를 막론하고도 보고와 대응책을 제출할 수 있는 것이라고 주장했다. 이는 당시 황정이 차지하는 비중을 매우 적확하게 간파한 것으로 보고 싶다. 따라서 필요에 따라 문무관 가운데 진제사賑濟使, 진휼사賑恤使, 구황순찰사救荒巡察使라는 이름으로 또 진휼어사賑恤御使, 감찰어사監察御使 등의 어사를 특명하여 이 일을 맡도록 했다. 무엇보다도 황정의 생명을 좌우하는 자는 지방 관리라고 보았다. 따라서 수령은 각종 상임 징세관인 동시에 상임 권농관이라고 할 정도였다는 것이다.

물론 이런 점은 조선의 독특한 규정이 아니라 삼국, 고려에도 그같은 규정이 있지만 조선의 법전에 한층 갖추어져 있다는 것이다. 따라서 정약용의 《목민심서》와 같은 뛰어난 책이 만들어졌다고 보았다.

그다음으로 조선의 황정 기관에 대해 자세히 소개했다. 황정 기관은 삼국을 지나 고려에 이르러 차츰 전문적 형태를 갖추었는데, 조선에 들어와서는 그것이 계승된 동시에 한층 강화되었다고 보았다. 황정 기관은 첫 번째로 구황청, 상평청, 선혜청, 진휼청, 혜민원, 총혜민사, 분혜민사 등의 기구와 두 번째로 의창, 상평창, 교제창, 제민창, 사창 등 창고로 나누어서 보았다. 먼저 구황청에서 상평청, 선혜청, 진휼청 등의 기구가 형성되고 통합되는 것 등을 설명하고, 갑오개혁 이후 혜민원(그리고 산하 기구로서 총혜민사, 분혜민사)이 만들어지는 과정을 설명했다. 특히 비중을 두어 설명한 것은 의창, 상평창, 사창 등의 창고였는데, 이는 고려시대부터 연결하여 정리했다.

먼저 의창은 고려 초 이창里倉이 만들어지고 성종 때 중국 제도를 본받아 개칭하여 여러 주州와 부府에 설치하여 정부의 시설로서 관리하여 흉년에 빈민에게 대부하였으며, 조선에 들어와 반류반분의 환곡이 되었다고 한다. 상평창 또한 중국의 제도로서 고려 성종 대에 의창과 함께 양경兩京, 12목牧에 상평창을 설치하여 물가 조절 역할을 했다. 두 제도는 고려 말 유명무실하였으나, 봉건 경제의 재수정적再修正的 과정에서 필연적으로 요구되어 이를 통해 조선에 와서 공고한 기초를 쌓았다고 보았다. 사창은 의창, 상평창과 함께 동양 황정사상 유수한 제도인데, 사창은 의창과 내용이 거의 동일할 뿐 아니라, 기원을 볼 때 의창의 보급적 형태라고 설명했다. 사창법은 주자의 저서에 의해 수입되었다가 여말 이후 주자학의 발흥에 따라 유학적 행정의 전범이 되었으므로 조선에 들어와서 지방관, 학자들이 그 법을 설립하려고 했다. 그러다가 숙종 때 좌승지 이단하의 건의에 따라 사창절목이 전국에 반포되었지만, 그 뒤로도 제대로 실시되지 못하고 환곡의 폐단은 계속되었다고 한다. 1895년 사환조례를 통해 면 단위로 사창이 시행되어 관영환곡의 적폐를 혁파하고 농가 경제의 유효한 제도를 설정했다고 보았다. 다만 자연경제의 종막과 화폐경제가 등장함에 따라 농가 경제는 금융망의 지배에 예속되었다고 했다. 마지막으로 교제창, 제민창은 각 도 환곡의 상호 보조를 위하여 남북 연해와 강안에 곡물 운수에 편리한 지점을 가려서 창고를 설치한 것이므로 중요하게 다루었다.

다음으로는 '이조 구황 실적'을 두어서 황정 기관의 활동을 서술했다. 이는 종래의 구황 기관이 조선에 이르러 보다 갖춰졌기 때문에 대규모 실적을 나타냈다고 보았다. 여기에서는 진휼, 시식, 구황방문, 견감, 진대 등을 서술했다.

진휼은 황정의 다반적 행사로서 삼국 이래 가장 자주 행해진 것이며, 조선의 대표적인 사례로서 단종 2년 23만 곡, 정조 10년 327만여 명의 기민에게 진휼미곡 21만여 석, 순조 14년 진휼곡 40여만 석, 전 1만 7000냥, 고종 13년 24만여 석 등을 베풀었다고 소개했다. 앞서와 마찬가지로 국가의 진휼 정신뿐 아니라 기민들이 관부의 시휼을 공연히 요구하였음을 강조한 점이 특징으로 보인다. 시식은 진휼 중 특별 구급으로 사원, 역원 등에서 직접 시여하는 것이라는 점, 고려와 조선 시대의 시식 장소 소개 그리고 시식의 대표적인 사례와 함께 숙종이 설죽을 친히 검사한 일화, 영조 38년의 설죽식 등을 소개했다. 구황방문은 구황 정책과 구황서 간행 그리고 현재 구황 처방의 몇 가지 사례를 소개했다.

견감은 중국 《원사》 〈식화지〉를 《고려사》에서 모방하여 은면, 재면으로 분류하여 실제 앞서 고려 구제 제도에서도 사례를 설명하였지만 여기서는 재면만을 다루었다. 견감의 대상은 전세, 호세, 요역, 환곡 등으로 전면 또는 감할하였으며, 견감은 진급賑給과 함께 삼국 이래 계속됐는데, 특히 조선 중기 이래 재년災年의 정규定規가 되어왔다는 점을 강조했다. 그렇지만 성호 이익의 글을 빌려 전조田租 견감으로 인민을 구휼하는 것의 한계를 지적했다. 곧 전조 견감을 하면 일반 평민은 전지를 가진 자가 1~2할에 지나지 않으므로 결국은 토지를 가진 자의 이기적 열망에 순종하여 국용國用만을 감폐하게 된다고 했다. 이른바 부자 감세에 해당하는 셈이다. 따라서 입국 초기처럼 토지제가 어느 정도 공평한 경우는 평민층에까지 혜택이 어느 정도 미치지만, 이 시기를 지나면 형세가 바뀌므로 결국 조선 중엽 이후 견감이 빈번한 것은 유전有田 계급의 '이면적 활약'의 결과라는 매우 흥미로운 추측을 했다.

마지막으로 진대는 진급, 시식, 견감 등에 비해 한층 발전된 구황정책으로 평가했다. 고국천왕이 진대법을 항구적 대책으로 만들어서 우리나라 황정사상 환곡의 효시, 조적의 발원이 되었고, 고려 이후 더욱 빈번히 행해졌다고 보았다. 그리고 처음에는 전혀 이식利息이 없다가 차츰 약간의 이식 또는 높은 이식으로 바뀌었다고 했다.

이런 점에서 진대를 상당히 자세히 다루었다. 먼저 '진대와 의창' 항목을 두어 앞서 황정 기관 내에서 다루었던 의창을 고려 이창부터 시작하여 다시 자세히 다루었다. 특히 현종 14년 3등급에 의해 수렴하는 제도를 여기서 다루었다.

그러나 이 점에 대해 최익한은 매우 비판적으로 보았다. 의창 진대의 원본이 국가 정세 수입의 관곡에 의존하지 않고 민곡의 특별 과렴科斂에 의존한 이상에는 그 과렴의 표준이 정당하다 하더라도 그 진대는 실제 과렴분에 상등한 고리대라는 점, 또 풍흉을 불문하고 과렴한 것은 필연적으로 정부가 인민을 수탈하는 것이 된다는 점, 과렴·과등科等에서 제3등에 관한 자의 원곡 부담은 장래 보험이 되는 것보다 일종의 현실적 중압이 된다는 점 때문이었다. 따라서 정부의 의창 정책은 민곡에서 관곡으로 바뀌었지만,* 고려 후기 국고가 결핍되면서 다시 민곡 과렴에 의존하게 되었다고 했다. 충선왕 때의 연호미법도 호에 차등 부과하므로 여기에 해당하는데, 다만 현종 대의 3등급제에 비해 풍년에 부과하고, 호의 대소에 따라 부과했으므로 소호의 부담이 가벼울 수 있다고 보았다. 그러면서도 결국은 운용 여하에 따라, 곧 호별 표준은 유력자의 이기적 규정을 용이하게 할 수 있기 때문에 최익한이 계속 강조하던 고려 말기의 시대상에 비추어본다면 의창제는 비황, 곧 공동 보험적 명목을 잃어버리고 강제적 과렴에 의해 국내 곡물에 대한 통제적 기관으로서 국가 재정의 측면적 임무를 준행했다고 보았다. 공민왕 대에 상평, 의창 제도를 복구하자고 한 것도 이런 의미로 보았다.

다음으로 '진대와 환곡' 항목에서 조선의 환곡제는 고구려의 진대법과 고려의 의창제를 계승한 것이지만, 자연경제 시대 진대의 가장 합리적 형태라고 보았다. 《경국대전》에 상평창에 대한 규정만 있는 점을 들어서 상평창은 상평의창이라고 보면서도 군자창軍資倉의 별창別倉이 의창의 본격적 임무를 수행했다고 보았다. 그런데 조선 후기《속대전》(〈호전〉'창고')에 따르면 봄에 대여하고 가을에 거두는데 전체 액수의 절반만 분급하도록 되어 있다. 본래 진대는 흉년에만 한하였던 것인데, 나중에는 풍흉을 막론하고 매년 정기적으로 대부, 환수했다고 한다. 곧 조선 중기 이래 지방관은 국조 수입의 미곡을 각종 창고에 채워두어 지방 경비의 필요를 제한 나머지 가운데 그 반액은 항상 창고에 유치하고 반액은 매년 민간에 대부, 환납하여 일면 농민 구제책인 동시에 일면 각창저곡의 환신책換新策이 되었던 것이다. 따라서 국가

• 그러나 기존 연구 성과에 따르면 처음에는 국가의 일반 조세 수입으로 들어온 관곡으로 충당하다가 의창의 설치가 지방으로 확대되어 나가면서 힘들게 되자 현종 대부터 의창조義倉租를 징수했다고 한다(박종진,〈고려전기 의창제도의 구조와 성격〉,《고려사의 제문제》, 삼영사, 1986, 424쪽).

는 수시로 사절을 파견하여 독려, 감사하고 지방관은 출납 관리에 최대의 관심을 가졌다고 한다.

최익한은《증보문헌비고》를 통해 각 관청의 환곡 수량을 도표화하면서 700만~800만여 석에 이르는 거대한 수량이 대소 관리의 중요한 사무가 되었으며, 조선 수백 년간의 승평은 이러한 진민賑民 정책에 의한 바가 크다고 주장했다. 곧 이것은 흉년 구제로서 출발하였지만, 이를 넘어 농민에 대한 종자와 농량을 대급 환수하여 농업 생산에 재생산적 조건(권농勸農, 독농篤農)이 되었고, 당시 저축 형태에서 창곡 갱신의 유일한 묘방이 되었다는 것이다. 다만 최익한은 운용상 제3단적 전화, 곧 환곡은 대부로 출발하여 환수로 완료되므로 필연적으로 환수에 중점을 두게 되고, 환수의 중점은 원곡 확장의 필요로서 이식을 징수하게 됨에 따라 환곡진대는 이식 징수로서 구제의 본래적 의의를 망각하고 창곡 갱신의 명목은 수탈의 합법적 수단이 될 수 있었다고 보았다.

'환곡의 취모법'에서는 고구려의 진대항식과 고려의 의창에서는 취모한 사실이 보이지 않았고 조선 초기에도 법적으로는 시행되지 않았으며, 조선 중기에 이르러 비로소 법적 규정을 얻었다고 밝혔다. 비록 모조가 이식과는 다르지만, 빈민에게는 부담이 되었을 것이라는 점을 강조했다.

'환곡의 설폐와 구폐'에서는 먼저 환곡이 잘 운용되면 흉황의 구제, 농업 재생산의 조건, 창곡의 환신책으로서 역할을 한다고 강조하면서 고구려 진대항식 이후 2000년간 내려왔는데도 이식이 아니라 '모耗'라고 쓸 수밖에 없는 것은 이 제도가 취리적인 것이 아니라 진대

구제에서 출발했기 때문이라는 점을 밝혔다. 조선 환곡제는 관곡으로 원본을 삼았고 절반유고의 규정이 있었으나, '취모의 이利'는 결국 한편으로는 국가 재정 수입을 증식하고, 한편으로는 대소 관리가 착복할 기회를 만들어주어 법규가 해이해졌다고 한다. 필요에 따라 분급을 늘리거나 심지어 전체 액수를 분급하는 일까지 벌어졌던 것이다. 이 때문에 정약용은 취모取耗하는 것은 불합리할 뿐 아니라, 근본적으로 환곡제는 인정에 맞지 않는다고 보았다. 곧 강제 대부와 강제 저축을 내용으로 하므로 국가가 민간 곡물에 대해 간섭, 구속하여 인민 사유의 흥미를 깨뜨리고 재산의 자유 처리를 방해한다는 것이다.

최익한의 해석으로는, 다산이 은연히 산업 자유와 개인주의를 동경하였으며, 최익한은 이것을 당시 사회경제적 변화와 서구 사상의 유입에 따른 근대적 사상의 일단으로 보았다. 환곡제의 최후 폐단은 백징白徵이었으며, 이 같은 고통 때문에 농민항쟁이 일어났다고 보았다. 이때 정부에서는 이정청을 설치하여 환곡을 없애고 토지에 결전結錢을 부과하도록 결정했으나(파환귀결), 이 또한 의정議政에 그쳤고, 환곡은 다시 옛 제도로 돌아갔다. 고종 때 내탕전 30만 냥을 각 도에 분송하여 작곡취모하게 한 것도 왕실 재정의 취리적取利的 형식으로 이용된 사례라고 해석했다.•

보론격인 '한재와 그 대책의 사편'은 재해 가운데 가장 무섭고 기근의 가장 큰 원인이라고 생각한 한재를 특화하여 살펴보았다. 삼국시대부터 중요한 한재 사례를 소개한 뒤 여기에 대한 국가의 대책은 앞서 일반적인 재해와 다를 바 없으므로 이와 관련된 각종 창고와 여러 기구를 열거했다. 마지막으로 한재만의 특징, 곧 저수 사업에 관한 내용, 특히 조선시대의 '제언사목' 반행, 제언사 설치 등을 언급하였고, 수차에 대해 언급하는 것으로 끝을 맺었다.

전근대 사회 구제 제도에 대한 이해와 문제점

이상에서 보았듯이 이 책은 최익한의 우리나라 역사 발전에 대한 인식과 구제 제도에 대한 이해를 담고 있다. 먼저 이 책의 제목으로 선택한 '사회 정책'에 대한 최익한의 생각을 정리해보자.

사회 정책Sozial politik은 노동조합 입법 등 노사 관계에 관련된 정책을 기축으로 공장법을 비롯한 노동자의 노동 조건에 관련된 정책을 가리키는 용어로, 1872년에 독일의 경제학자들이 만들었다.** 이들은 독일의 급속한 자본주의화에 따르는 계급 대립의 심각화와 사회주의 운동의 발흥에 의한 사회혁명을 두려워하여, 계급의 이해를 초월한 국가가 경제에 개입하고 분배적 정의를 실현하지 않으면 안 된다고 주장했다. 노동자 문제는 자본주의의 발전에 수반하여 발전, 사회문제화되는데, 결국 사회 정책은 이런 노동자 문제에 대한 근대국가의 정책, 즉 사회노동 입법, 그에 기초한 제도와 시책 등을 가리킨다. 최익한은 1920년대에 일본에 유학하여 사회과학을 공부하였으므로 이에 대한

---

* '진대와 환곡' 이하 내용은 좀 더 다듬어서 《실학파와 정다산》(1955) 9장 '다산의 경제사상' 내 '환곡 폐지론' 속에 실었다.

** 브리태니커 사전, http://100.daum.net/encyclopedia/view.do?docid=b11s1064b. 이에 비해 오늘날 많이 사용하는 '사회보장'이라는 용어는 1930년대 미국에서 최초로 등장하였으며, 우리나라에서는 1960년대에 사용되기 시작했다고 한다(유광호, 《사회보장발달사》, 유풍출판사, 2005, 11~36쪽).

지식을 어느 정도 가졌을 것이다.

그런데 근대 자본주의 사회에서 만들어진 '사회 정책'이란 용어를 전근대사회에도 사용할 수 있을까? 최익한 자신도 이런 제목을 붙이는 데 상당히 고심했던 것 같다. 처음 신문에 글을 연재할 때는 '사회 구제 제도'의 일환으로 정리하였으며, '사회 정책'이라는 표현은 쓰지 않았다. 그러다가 잡지에 '조선의 후생 정책 고찰'을 쓰면서, 제목은 후생 정책이었지만 본문에서는 모두 사회 정책으로 고쳐 썼다. 곧 첫머리에 "사회 정책이란 간단히 말하면 그 사회의 지도층이 자기 지도를 유지하고 계급적 대립을 완화하기 위하여 민중의 이익을 증진시키고 재해를 방지하는 모든 시설을 이름이다"라고 사회 정책이라는 용어를 쓰면서 그 뜻을 정의했다. 간행본 서문에서는 더욱 분명하게 "사회 정책의 성격은 그 사회의 치자 계급이 피지차 계급의 항쟁을 완화 또는 진무하려는 방법이므로 계급이 존재하고 대립이 있는 사회에서는 치자 계급으로서 취하는 방법이 동일하다는 뜻에서 조선의 종래 구제 제도를 사회 정책이라고 강칭強稱하겠다"라고 썼다.

하지만 스스로 '강칭'이라고 하였듯이 사회 정책이라고 보는 데는 한계가 있음을 짚고 있었다. 사회 정책은 자본주의 사회가 산출한 것이어서 근대적인 것이기 때문이다. 그렇다면 전근대 조선에 대해 사회 정책이란 표현이 타당한가의 문제에 대해서는, 고대 사회에는 고대적 사회 정책, 봉건 사회에는 봉건적 사회 정책, 자본주의 사회에는 자본적 사회 정책이 있다고 했다. 다만 그 정책이 근대적·입법적·윤리적·사회적이지 못하고 영주적이며, 산업·경제·노동·문화의 광범위에 걸치지 못하고 소극적인 구황·구빈 같은 사업에 편중되어 있다고 구분했다. 또 하나 중요한 것은 오늘날에도 '사회 구제 사업'이라는 표현이 있는데, 이는 반드시 국가(정부)의 사업에 한정되지 않지만 사회 정책은 주체가 국가라는 점에서 이런 표현을 쓴 것으로 보인다.

이처럼 사회 정책이라는 용어를 두고 고민한 것은 당시 우리나라의 사회문제에 관심이 컸다는 점을 반영하는 것이다. 이러한 관심이 우리나라 전근대사회의 구제 제도에 대한 인식과 연결된다. 곧 최익한은 사회 정책을 우리나라 역사 전반에 적극 적용했다. 곧 사회 정책의 성격에 따라 고대와 봉건 사회로 나누고, 삼국은 고대, 고려와 조선은 봉건 사회로 규정했다. 고대에 이미 사회 정책이 이루어져서 군주의 인정仁政으로 발전했다고 보았다. 그 내용은 순문詢問, 창곡倉穀 구제, 사신 특파 등 일회적인 방식이었다. 반면 봉건시대의 사회 정책은 진휼, 시식, 견감, 진대, 권분 및 원납, 경조 및 방곡, 보양, 구료 등 다양하면서 체계를 갖춘 것으로 보았다. 구제 제도를 통해 시대를 구분한 것은 당시 사회경제사학자들이 주로 계급 구성과 토지 소유를 중심으로 본 것과는 비교가 된다.*

이 책의 본론에 해당하는 '조선 구제 제도 발달사'에서는 '사회 정책'이라는 표현을 쓰지 않았지만 '조선 사회 정책사 개관'이 나중 시기에 쓰인 글이라는 점에서 사회 정책의 관점에서 이 책에 대해 평가하고자 한다.

서언 격 글에서는 단군시대의 구제 제도와 중국의 구재救災 사상

---

* 또한 해당 시기의 설정에도 차이가 있다. 가령 백남운은 노예제 사회(삼한~삼국), 아시아적 봉건제 사회(삼국 말기~조선)로 보았고, 이청원은 노예제 사회(삼국~고려), 봉건 사회(조선)로 보았다(조동걸·한영우·박찬승 엮음, 《한국의 역사가와 역사학》 하, 창작과비평사, 208~230쪽).

을 소개했다. 먼저 우리 역사와 황정荒政의 시작을 단군시대로부터 인용했는데, 여기에는 앞서 서술하였듯이 최익한이 1920년대에 대종교에 관심이 높았던 점과도 관련 있을 수 있다. 그는 《환단고기》, 《대동사강》 등 단군과 관련된 서적을 많이 섭렵했다. 그렇지만 이 기록을 인정한다면 이미 이 시기에 윤환법, 제양원 등 구제 제도가 상당히 진전되었음을 수용해야 할 것이다. 다행히 그 자신도 확실하지 않은 기록이라고 덧붙였으며, 그 뒤 구제 제도의 역사에 포함하지 않았다. 다음으로, 《예기》나 《주례》 등을 인용하여 구재, 구휼 사상과 제도는 유럽보다 동양, 특히 중국에서 일찍부터 발전해왔다고 주장했다. 특히 주나라 때 상당히 완비되었고, 중국 진휼 제도의 전형은 《주례》에서 취했으며, 이 같은 황정이 조선, 일본에 수입되어 근대까지 내려왔다고 했다. 이러한 저술이 제도를 완비하는 데 어느 정도 영향을 미친 것은 사실이겠지만, 구제 제도는 이러한 저술이 영향을 미치기 이전 국가 운영 차원에서 시행된 것으로 보인다. 이 같은 내용은 우리나라의 사회 정책과 전혀 관련이 없는 것은 아니더라도 책의 구성과는 좀 차이가 있다.

우리나라의 사회 정책은 사료에 따르면 삼국시대에 벌써 성행했으며, 고려와 조선에서는 정책이 더 발전했다고 본다. 먼저 삼국을 비교하면, 삼국시대에 세 나라는 서로 대동소이한데 구제 횟수가 신라에서 훨씬 많은 것은 기본적으로 신라의 기록이 비교적 완전했다는 점을 든다. 고구려와 백제는 수렵과 전투가 생활의 중심이어서 농민 정책은 신라가 일보 전진했으리라고 평가하는 것이다. 이 점은 《삼국사기》가 신라 중심으로 기록되었다는 점을 고려하지 못한 탓으로 보인다. 삼국시대의 사회 단위와 경제적 범위가 주로 촌락공동체와 부족취합제에 의존하였고, 국왕의 순행, 진휼 같은 행사는 국고창곡의 집권적 활동이 아니고 촌락과 부족의 최대 연합체인 국가의 원수가 각 촌락과 부족의 분산적 창고로 하여금 상호 휼린적 행사에 봉사하게 하는 데 지나지 못한 것으로 보았다. 이는 아마도《삼국지》(〈위지〉 '동이전')에 고구려에는 큰 창고가 없고 집집마다 조그마한 창고인 부경이 있다는 자료를 활용한 듯하다. 그렇지만 부경을 촌락과 부족의 창고이며 진휼에 사용한 것으로 본 것은 상당히 자의적이다. 현재 축적된 연구 성과에 따르면, 농업 생산력의 발달에 따라 계층 분화가 일어나며 일반 농민이 부호나 귀족의 예속민으로 전락하는 것을 방지하고, 계층 간 갈등이 격화되어 국가의 안정을 해칠 우려가 있기 때문에 국가가 개입하여 진대를 실시했다고 본다.•

봉건시대의 성립은, 신라 통일 후 승평 시기에 접어들어 영주의 특권과 겸병 억탈 등 말세적 현상이 드러나면서 사회 생존을 위협하는 재해가 전혀 사회적으로 구제되지 않았기 때문에 피해를 입은 농민층이 새로운 통치자의 구제를 요구하게 되면서 이루어졌다고 보았다.

이에 따라 고려시대는 구제 제도와 기관이 제대로 갖추어진 시기로 보았다. 그런데 고려의 창제에 대해 고려 초에 이창을 두었고 성종 때 의창으로 개칭했다고 본 점이 독특하다. 이창은《고려사》를 비롯하여 모든 자료에서 흑창黑倉이라고 기록되어 있는데, 다만 다산의《목민심서》와《경세유표》등에서 이창이라고 하여 이를 따른 것으로 보인

• 전덕재,《한국고대사회경제사》, 2006, 태학사, 146쪽.

다. 그런데 《경세유표》의 한 곳에서는 이익의 글을 빌려 "고려 초기에 이창을 설치했고, 성종 때 이르러서는 명칭을 의창이라 고쳤다"라고 했다. 그러나 실제로 이익은 《성호사설》(고려 진정賑政)에서 흑창이라고 기재하였는데, 정약용은 설치 범위로 볼 때 흑창이라는 모호한 이름보다는 비슷한 글자이면서 중국의 사창처럼 지역 공동체의 의미를 띤 이창이 옳다고 본 듯하다.

그러나 앞에서 거론했듯이 《고려사》를 비롯한 그 밖의 자료에는 모두 흑창으로 기재되어 있으며, 학계에서는 흑창이 태조 즉위 후 곧 설치되었다고 본다. 대체로 당시 고려 왕조의 통치력이 지방에까지 미치지 못했다는 점으로 보아 개경에만 설치되었으며 건국 초기의 백성 안무라는 정치적 명분이 오히려 강했다고 본다. 이런 논의에 따르면 명실상부한 진대 기관으로는 그 뒤에 설치된 의창이라는 것이다. 이들은 《고려사》 '태조 원년의 기사'인 "호랑이가 도성의 흑창 안에 들어왔다"에 따라 흑창은 개경에만 설치되었을 것으로 보기 때문에 리 단위로 설치되었다고 보는 이창은 지나친 추측이다. 이는 정약용의 견해를 수용한 점도 있지만, 고대에서 중세로 넘어가는 변화를 여기서 찾은 것으로 해석할 수 있다.

의창곡을 확보하는 방법에 대한 이해에도 무리가 있다. 가령 관곡으로 충당하다가 현종 14년 3등급에 의해 수렴하였는데, 최익한은 이것을 모든 인민에 대한 수렴으로 보고 비판한 것으로 보인다. 이들이 공전과 수조권자라는 점에서 본다면, 실제 토지 지배자들로부터 수취하여 원곡을 확보해 구휼 자원으로 삼은 것이다. 이런 오해 때문에 최익한은 원곡 부담을 장래 보험이라는 의미에서 수취한 것으로 판단했다.

다음은 봉건시대로, 고려와 조선은 구제 제도가 제대로 완비되었지만 실제적인 내용상 조선은 제도와 운영이 한층 발달했다고 보았다. 특히 고려는 불교의 자비 희사를, 조선은 유교의 정치적 이상을 추구하였으며, 봉건적 집권의 완성과 유교 문화의 역사적 수련 등의 차이 때문에 조선이 훨씬 발전했다고 본 것이다. '봉건적 집권의 완성'이 어떤 내용을 담고 있는지는 정확하게 밝히지 않았지만, 이 같은 체제의 차이는 있을지라도 이데올로기의 차이로 보기는 어려울 듯하다.

환곡제에 대해서는 가장 합리적인 진대 제도지만 흉년 구제로 출발하여 농민에게 종자와 농량을 대급하는 재생산적인 조건, 이를 넘어 이식 징수라는 제3단적 전화로 넘어갔다고 정리한 것은 대단한 식견이다. 나아가 정약용의 '환자론'을 인용하여 취모취리取耗取利가 불합리한 점뿐 아니라 강제 대부와 강제 저축으로 국가가 민간 곡물에 대해 간섭, 구속하기 때문에 인민 사유의 흥미를 깨뜨리고 재산의 자유 처리를 방해했다고 해석하면서 이로써 정약용은 산업 자유와 개인주의의 방향을 동경했다고 보았다.

한편 국가 재정 수입을 증식하고 한편으로는 대소 관리에게 착복의 기회를 만들어주어 법규가 해이해졌다고 하였는데, 이는 당시 상황을 일면으로는 잘 관찰하였지만 이미 중앙과 지방의 여러 재정 기구에서 환곡을 마련하여 재정 보용책으로 활용하고 있는 실태에 대해서는 알아채지 못한 것으로 보인다. 한정된 사료를 이용했기 때문이기도 하겠지만 세종, 숙종, 영조, 정조 등의 발언이나 행동에 비중을 둔 점도 사실 관계뿐 아니라 그의 학문적 성향에 비추어서도 지나친 듯하다.

조선 수백 년간의 승평을 진민賑民 정책과 관련한 점도 어느 정도 연관성은 있지만 하나의 의미를 확대한 감이 있으며, 더구나 조선 후기에 들면서 그가 말했던 '제3단적 전화'로 넘어갔다는 점과 연결한다면 '수백 년 승평'은 지나친 감이 있다.

고종 연간의 내탕금 30만 냥을 분송한 것에 대해서 '환곡제가 인민 구제의 본의를 멀리 떠나 왕실 재정의 취리적 형식으로서 한갓 이용되어버린 것'이라고 해석한 점은 그 자체로는 크게 틀린 점이 없지만, 이는 1866년 병인별비곡만 지적하였고, 다음 해 호조별비곡 150만 냥을 지급하여 사창제로 운영한 점에 대해서는 설명하지 않았다. 이 점은 대원군 시기의 사창제에 대한 이해가 부족하기 때문이라고 하겠다. 따라서 1895년 사환조례를 통해 사창이 시행되었다고 이해하였던 것이다. 이어서 각 읍의 사환社還은 실시하지 못하였으므로 전체 액수(實總)를 알 수 없다고 설명한 것도 당시 연구 수준으로서는 어쩔 수 없었다. 당시 사환제는 실제로 실시되었으며, 각 읍의 사환곡 액수도 대략 알 수 있다.•

일제의 실질적인 지배와 더불어 사환미 제도 또한 지방금융조합 제도로 변화한 것에 대해서 아주 간략하게 언급한 것은 이 책의 범주가 전근대에 한정돼 있고, 한편으로는 일제 말기라는 시대적 상황 때문이 아닐까 여겨진다. 지방금융조합은, 이전 대한제국 시기에 농공은행 설립 시도가 있었지만 결국 통감부 시기에 들어와 일본인 재정고문

• 송찬섭, 앞의 책, 제4장 19세기 말 환곡제의 변동과 사환제의 시행, 331~347쪽 참조.

메가타 조타로目賀田種太郎에 의해 진행되었다.* 그리고 비록 지방금융 조합 규칙을 만들 때 사환미 제도와 계를 참조했다고 하지만, 일제는 사환미 제도의 기능 가운데 선택적으로 취사했다고 한다. 곧 사환미 제도는 정부의 농민 구휼 기관이면서 국가의 지방 통제 의도와 지방 자치 기구의 자율성 강화라는 지향이 타협 공존한 것인 데 비해, 지방 금융조합에는 정부의 사회 정책적 기능과 행정 기구의 감독권 강화만 이 참조되고 자치적 운영 원칙은 제한적으로만 참조되었다는 것이다. 실제로 최익한은 그 뒤《실학파와 정다산》(1955)에서는 "강도 일제 자 본의 농촌 착취망인 이른바 금융조합은 농민 경제에 대한 융자라는 미 명 밑에 화폐경제 형태로서 천 수백 년래 환곡의 자연경제 형태 폐허 위에서 새로 등장했다"라고 매우 비판적으로 서술했다.

    이상으로 볼 때 최익한은 전근대 시기에 한정되지만 우리나라 구 제 제도의 흐름을 정부의 사회 정책으로 정리하였으며, 그 제도와 운 영의 수준에 따라 시기 구분을 하여 해석하려고 노력했다. 특히 부경, 이창, 의창, 환곡 등에 대한 해석에서는 구제 제도의 발전뿐 아니라 삼 국, 고려, 조선 전기·후기 등 역사 발전 단계와 연결해서 이해했다는 점이 주목된다. 다만 아직 이 방면에 대한 연구 성과가 거의 없는 상황 에서 시도되었던 그의 해석이 실상과 차이가 있음은 어쩔 수 없다고 하겠다.

---

* 이경란,《일제하 금융조합 연구》, 혜안, 2002, 50~71쪽.

맺음말

지금까지 최익한의 《조선 사회 정책사》가 간행된 과정, 그리고 주요 내용과 문제점 등을 살펴보았다. 이 책은 우리나라 전근대 사회의 사회 정책을 그가 취합할 수 있는 자료를 중심으로 내용을 엮고 또 그의 입장에서 해석, 정리한 것이다.

먼저 이 책은 최익한이 일제강점기에 쓴 신문과 잡지 글을 그대로 수록하여 발간했다. 이 때문에 여러 가지 한계가 있다. 학술 서적이라고 할 수 있지만, 체제가 잘 갖추어지지 않았다. 사료 인용 위주로 되었고, 거의 국한문 혼용체에 가까울 정도로 한자투성이다. 그것도 자신이 만든 한자 용어들이 많아서 우리말로 풀어 쓰기가 쉽지 않다. 오자도 적지 않아서 순조롭게 읽어 나가기가 어렵다. 이러한 문제점은 의외로 신문 글이라는 점 때문이기도 하다. 당시 신문은 지식인을 대상으로 하였기에 친절하게 풀어 쓰기보다는 지식인만이 볼 수 있을 정도로 한문 용어식 표현이 많았다. 게다가 최익한은 동아일보사에 근무하면서 지속적으로 글을 실어야 하는 부담 때문에 시간적인 제약이 컸을 것이다.

본래 구제 제도에 대해 일련의 글을 쓰게 된 것은 최익한이 다산학에 관심을 두었기 때문이라고 추정할 수 있다. 정약용은 《목민심서》 등의 저작에서도 재해와 구제 문제를 매우 중요시했기 때문이다. 혁명가였던 최익한이 일제강점기에 오랜 감옥 생활을 마치고도 감시받는 상황에서 사회 정책에 관심을 두었던 것은 그리 이상한 일이 아니다.

최익한의 큰 장점은 동서양의 많은 서적을 참고했다는 점이다. 중국 고전과 《삼국사기》, 《고려사》 등 각종 사서를 섭렵하였으며, 《조선왕조실록》 등 연대기를 활용하기에는 어려웠지만 《증보문헌비고》를 비롯하여 각종 법전을 활용했다. 나아가 서구 역사 속의 구제 제도와도 비교했다.

이처럼 최익한은 우리나라 구제 제도에 대한 종합적인 평가를 하려고 했다. 구제 제도를 평면적으로 열거하는 수준을 뛰어넘어, 구제 제도가 경제 구조에 영향을 받는다는 사실을 밝혔다. 사회주의 운동에 참여하였던 국학자로서 개혁과 앞으로의 전망에 대해 관심을 가졌을 것이며, 구제 제도의 경우 그 제도에 따른 민중의 혜택이라는 측면과, 환곡 제도에서 보듯이 운용상에 문제를 가지면서 민의 부담이 있었음을 강조하였던 것이다. 이 점은 조선 후기에 환곡 제도가 변질되면서 환곡 부담은 큰 반면 진휼은 축소되었고, 이 때문에 농민항쟁이 발발하는 것으로 연결해볼 수 있다. 역으로 본다면 구제 제도는 체제 안정을 위해서도 필요했다고 하겠다.

이 책의 의미는 먼저 황무지 분야에 대해 처음으로 역사적 흐름을 정리했다는 점이다. 그보다 앞서 재해와 구제에 대해 이각종이나 일본인 아소 우미 등이 정리한 글이 있어서 작업에 도움을 주었지만, 이는 총독부의 정책적 입장에서 행한 조선의 구관 조사 차원이어서 최익한의 작업과는 그 성격에서 큰 차이가 있다. 최익한은 우리나라 역사상 구제 제도의 흐름에서 정부의 사회 정책으로서의 의미를 찾고, 고대와 봉건시대로 시기 구분을 하여 해석하려고 노력했다. 특히 부경, 이창, 의창, 환곡 등의 제도를 역사 발전 단계와 결부하여 해석한 점은 매우 주목된다.

사실 전근대의 구제 제도를 사회 정책으로 보는 것은 한계가 있지만, 결국 이러한 제도는 대체로 시기마다 계층 간 갈등에 따른 사회 불안, 농민층 이탈에 따른 국가 지배 대상의 감소와 재정 위기를 막기 위한 방편으로 시행되었다. 이런 점에서 구제 제도가 가지는 의미는 적지 않다. 앞으로 최익한이 다루지 못하였던 근대 사회로까지 확장하고, 한편으로는 그간의 연구 성과를 포함하여 체계적인 '구제 제도의 역사'가 작성된다면 복지사회에 대한 역사적 전망을 이해하는 데도 도움이 될 것이다.

창해滄海 최익한 선생
연보年譜

1

1897년(1세) 3월 7일 강원도(현재 경상북도) 울진군 북면 나곡2리 (속칭 골마) 471번지에서 아버지 강릉 최씨 대순大淳(1869~1925)과 어머니 동래 정씨(1865~1928)의 둘째 아들로 태어났다.

1901년(5세) 종조부 현일鉉一에게서 한학 수업, 《천자문》, 《동몽선습》, 《소학》, 《격몽요결》등을 그리고 다음 해에는 《십구사략》, 《삼국사기》, 《삼국유사》등을 배웠다.

1903년(7세) 부친에게 《논어》, 《맹자》, 《대학》, 《중용》등 사서四書를, 다음 해에는 《시경》, 《서경》, 《역경》, 《예기》, 《춘추》 등 오경五經을 배우고 시부詩賦를 짓기 시작하였다. 그 다음 해에는 《제자백가》를 배워 고을에서는 '천재 운거雲擧(최익한의 자字)' 라고 소문이 났다.

1906년(10세) 영남의 만초晚樵 이걸李杰 선생을 초빙하여 1년간 수학했다.

1907년(11세) 이때 이미 학문이 뛰어나 이걸 선생의 권유로 영남의 홍기일洪起一 선생을 새롭게 초빙하여 3년간 본격적인 사서오경의 논지와 비판 등과 성현의 문집을 독파하였다.

1909년(13세) 이걸, 홍기일 두 선생의 후원으로 봉화군 법전면 법전리 퇴계 선생의 후손인 유학자 이교정李敎正의 장녀 이종李鍾과 결혼하였다.

1911년(15세) 경남 거창에서 면우宇 곽종석郭鍾錫(1846~1919)에게 20세까지 수학하였다. 곽종석은 한말의 거유며 1919년 파리장서사건에 앞장섰던 인물이다.

1914년(18세)   장남 재소在韶 출생.

1916년(20세)   차남 학소學韶 출생.

1917년(21세)   3월에 당시 부안 계화도桂花島에 머무르고 있던 호남의 대학자 간재艮齋 전우田愚 선생을 찾아가 성리학에 대해 질의 문답하였다. 그 뒤 6월 14일 간재 선생에게 장문의 질의서를 올리다(〈최익한상전간재崔益翰上田艮齋〉). 그 뒤 면우 선생의 권유에 따라 신학문을 수학하러 중동학교를 다녔는데 1년 만에 졸업하였다.

1918년(22세)   YMCA(조선중앙기독교청년회)의 신흥우申興雨 박사로부터 영문학을 2개년 수료하다.

1919년(23세)   3.1운동 직후에 파리장서사건이 일제에 탄로되어 스승인 면우 선생이 주모자로 대구 감옥에 수감되었다(4월, 곽종석은 그 뒤 병 보석되었으나 1919년 7월 24일 타계하였다). 최익한은 스승이 송치된 대구에 내려갔다가 구례 화엄사로 공부하러 가서 잠깐 머물다가 6월에 신학문을 배우러 서울로 올라갔다. 한족회韓族會에 가입하여 윤7월 경북 영주에서 부호들에게 독립운동 군자금 모금 1,600원을 빼앗아 상해임시정부에 보내고자 하였다. 장녀 분경粉景(나중에 경제학자 이청원李淸源과 결혼) 출생

1920년(24세)   10월경 추수 매각 대금 400원으로 계모와 동생 익채, 익래와 함께 서울 안국동 51번지에서 하숙 경영, 중등학교 야학부를 다니다.

1921년(25세)   군자금 모금 사건으로 체포되어 재판 끝에 8년 구형을 받고 6년을 판결받았으나 그 뒤 3년으로 감형받았다.

1923년(27세)   3월 21일 가출옥하였으나 다시 체포되어 일시 서대문감옥에 투옥되었다가 풀려나왔다. 그 뒤 일본으로 건너가 와세다대학교 정경학부에 입학하였다.

1924년(28세)   삼남 건소建韶 출생. 부친 대순 졸卒. 재일본 거류 조선인과 유학생 사회 내에서 전개되고 있던 조선공산주의 운동에 참가했다.

1925년(29세)   1월 동경의 북성회는 이름을 일월회로 고치고 기구를 개편하였는데(1월 3일) 여기에 최익한도 참여하였다. 그 뒤《대중신문大衆新聞》,《사상운동思想運動》,

창해 최익한 연보 · 229

《이론투쟁理論鬪爭》등 주간을 맡으면서 글도 썼다.

1926년(30세)　신흥과학연구회에서 발간한《신흥과학新興科學》(1926.11)에 〈파벌주의비판에 대한 방법론〉를 싣다.
12월 재일본 일월회, 삼월회, 노동총동맹, 조선무산청년동맹 등 동경4단체의 '파벌주의 박멸'에 대한 성명서 발표에 관여하였다.

1927년(31세)　4월에는 동경에서 조선공산당 일본부에 가입하여 조직부장으로 선출되었다. 5월에는 조선사회단체 중앙협의회(5월 16일)에 재일본조선노동총동맹 대의원 자격으로 참여하여 의안제작위원으로 선정되었는데 조선의 민족운동은 "반자본주의운동인 동시에 사회주의운동의 일부분"으로 볼 수 있다고 주장하고 "민족단결전선을 결성하여 그 속에 들어가서 모든 것을 전취"해야 하며 "조선과 같은 특수사정에서는 협동단일정당하에 집중하는 것이 필요하다"고 주장하였다.
7월에는 조선에서 제1차, 제2차 조선공산당 탄압으로 검속된 사람들에 대한 재판이 시작되자 재일노총, 신간회 동경지부가 대책을 협의하기 위한 공동위원회를 1927년 7월에 설치하였으며, 이에 일본 노농당에서 변호사 후루야 사다오古屋貞雄과 자유법조단 변호사 후세 다쯔지布施辰治, 공판방청대표로서 대중신문사에서는 최익한, 안광천安光泉을 파견하여 이들과 함께 활동하였다. 차녀 연희蓮姬 출생.
8월에는 재일본조선노동총동맹 명의로 〈중국노동자대중에게 한 메시지〉를 보냈는데(8월 24일) 여기에서 "중국민중의 해방을 위한 일본제국주의 타도는 우리들과 굳게 단결하면 능히 이를 달성할 수 있다."고 주장하였다.
9월에는 국제청년의 날을 기념하여 동경에서 조선청년동맹과 일본무산청년동맹이 연합 주최하는 조선, 일본, 중국, 대만의 재동경 청년들로써 구성된 동방무산청년연합대회를 개최하였는데(9월 4일) 개회 즉후에 해산을 당하였으며 최익한은 바로 체포되었다. '제3차 조선공산당'의 김준연 책임비서 시기인 9월 20일경 최익한은 조직부장, 11월 김세연 책임비서 시기에는 선전부장이 되었다. 한 해 동안 〈朝鮮社會運動의 빛〉《조선일보》1927.1.26), 〈思想團體解體論〉《이론투쟁理論鬪爭》1권 2호, 1927.4.25), 〈在日本 朝鮮勞動運動의 最初의 發展〉《勞動者》2권9호, 1927.9) 등 중요한 글을 썼다.

1928년(32세)　2월에 제3차 조선공산당 사건('ML당사건')으로 안광천, 하필원 등 여러 간부들과 함께 종로경찰서에 검거되었다.

1930년(34세) 8월 30일 서울지법에서 제3차 조선공산당사건 판결에서 징역 6년을 받았다. 그 뒤 36세(1932년) 7월 9일까지 서대문형무소에서 복역하였다.

1932년(36세) 7월 9일 대전형무소로 이감 도중 대전역 등지에서 조선독립만세를 외치다가 기소되어 1933년 1월 25일 서울복심법원에서 1년의 형을 더 받았다.

1934년(38세) 두 아들 재소와 학소는 각각 21세와 19세의 나이로 조선독립공작당사건으로 함흥형무소에서 2년 반 형을 받고 복역하였다.

1935년(39세) 12월 8일 대전에서 만기 출옥하여 서울로 올라갔다. 이해 정약용 서거 100주년을 맞이하여 신조선의 요청으로 〈다산의 일사逸事와 일화逸話〉, 〈다산의 저서총목〉을 작성하였다.

1937년(40세) 장남 재소가 옥중에서 사망(3월 6일). 재소는 2000년 8월 15일 제55주년 광복절에 건국훈장 애족장을 받고 그 뒤 국립대전현충원 애국지사묘역에 입사했다. 최익한은 아들을 잃은 슬픔을 《조선일보》(1937.4.23~25)에 〈곡아이십오절시哭兒二十伍絶詩〉로 실었다. 〈우리말과 정음의 운명〉(《정음 21호》(11월 26일)을 썼다. 3녀 한경漢景 출생.

1938년(42세) 이즈음에 활발히 일어난 국학운동에 참여하여 신문, 잡지를 통하여 많은 글을 발표하였다. 주로 《조선일보》에 1938년 말까지 한문학, 역사, 향토문화 등에 관하여 많은 글을 실었으며, 〈조선어기술문제좌담회朝鮮語記述問題座談會〉(1월 4일)는 횡서橫書와 종서縱書의 시비是非, 외래어표음문제外來語表音問題 등 여러 주제를 가지고 김광섭金光燮, 이극로李克魯, 유치진柳致眞, 송석하宋錫夏, 조윤제趙潤濟, 최현배崔鉉培 등 당대 최고의 국어학자들과 대담을 한 것이다.

1939년(43세) 1938년부터 다시 《동아일보》에 들어가 조사부장을 하면서 〈여유당전서與猶堂全書를 독讀함〉(1938년 12월 9일~1939년 6월 4일)을 비롯하여 유물 및 문헌고증, 민속 등 다방면에 걸쳐 글을 실었다.

1940년(44세) 연초 〈재해災害와 구제救濟의 사적단편관史의 斷片觀〉(1월 1일~3월 1일까지 27회 연재)를 시작으로 8월 《동아일보》가 폐간될 때까지 실학, 역사인물, 구제제도 등 다양한 글을 실었다. 특히 〈사상명인史上名人의 이십세二十歲〉는 최치원, 정약용 등 역사에서 이름 있는 인물의 20세 때 행적을 담은 흥미 있는 기획물이었다.

1941년(45세) 《동아일보》기자 양재하가 중심이 되어 창간(1941년 2월)한 《춘추》지에 과거제도, 후생정책 등 역사 문화에 관한 글을 여러 차례 실었다. 생활난으로 동대문 밖 창신동 자택에서 주류 소매점을 하였다(1944년까지).

1943년(47세) 1월 만주 건국 10주년을 기념하여 간행된 《반도사화半島史話와 낙토만주樂土滿洲》라는 책에 이미 작성한 〈조선朝鮮의 후생정책고찰厚生政策考察〉, 〈조선과거교육제도소사朝鮮過去敎育制度小史〉를 제목만 고쳐서 〈반도후생정책약사半島厚生政策略史〉와 〈반도과거교육제도半島過去敎育制度〉를 실었다.
10월에는 〈충의忠義의 도道 - 유교儒敎의 충忠에 대하여〉(《춘추》10월호)를 실었다. 이 글에 대해서는 친일의 글이 아닌가 문제 제기가 있었지만(임종국, 《친일문학론》) 이 무렵 《춘추》 잡지의 성격 때문으로 그렇게 평가한 것으로 보이며 글 내용으로 봐서는 추정하기 어렵다.

1945년(49세) 8월 15일 해방 직후 ML계 인사들과 함께 조선공산당 서울시당부의 간판을 걸었고, 서울계, 화요계, 상해계 등과 함께 장안파長安派 공산당으로 합류했다.
9월 8일 서울 계동에서 열린 장안파 조선공산당 열성자대회에 이영, 정백 등과 참석했다. 건국준비위원회에서도 활동을 하였다. 건준이 조선인민공화국을 만들면서 최익한은 법제국장을 맡았으며 1945년 12월에는 반파쇼위원회 부위원장을 맡았다.

1946년(50세) 1월 민주주의 민족전선 결성준비위원(24인)의 1인으로 선출되었다. 이후 민전 기획부장을 맡았다.
3월 22일 조선인민공화국 중앙인민위원회의 긴급회의에서 3상회의 결정에 대한 태도 표명을 위한 성명 작성위원으로 최익한, 이강국, 김오성 3인이 선출되었다. 좌우합작이 일어나면서 1946년 3월 31일 회의에서 4월 23일~24일 전국인민대표자대회 개최에 따른 대회준비위원으로 선출되었다. 한국독립당 중앙상무위원으로 선출되었다(4월 18일). 공산당 간부체포령으로 일시 체포되었다가 석방되었다(9월 7일).

1947년(51세) 4월 26일 사회로동당(사로당) 탈당 성명서 발표에 참여하였다. 여운형이 중심이 된 근로인민당이 창당되면서(5월 24일) 상임위원으로 선출되었다.
6월에 《조선사회정책사》간행. 일제시기에 쓴 〈재해와 구제의 사적 단편관〉, 〈조선의 후생정책고찰〉 등을 모아서 만들었다.

1948년(52세) 평양에서 열린 남북연석회의에 참석차 월북하였다. 그 뒤 정치적인 활동은 거의 드러나지 않으며, 국학연구에 몰두하면서 김일성대학 등 강연활동 정도를 알 수 있다.

1954년(58세) 《조선봉건말기의 선진학자들》(최익한, 홍기문, 김하명 공저)을 집필하였으며,《연암작품선집》을 번역 간행하였다.

1955년(59세) 《실학파와 정다산》,《강감찬 장군》 등을 간행하였다. 특히《실학파와 정다산》은 그의 실학연구를 집대성한 작품으로 손꼽히며,《강감찬 장군》은 아동용으로 썼다.

1956년(60세) 《연암박지원선집》과 임제의 '서옥설鼠獄說'을 번역한《재판받는 쥐》를 간행하였다.

1957년(61세) 《정약용 다산선집》을 번역 간행하였다. 그 밖에도 최익한은 북한에서 1949년부터 1957년 사이에 《력사과학》,《력사제문제》,《조선문학》,《조선어문》 등 여러 잡지에 논문을 실었다. 1957년 이후 최익한에 대한 소식은 알 수 없다.

찾아보기

ㄱ

가산창駕山倉 131, 132
가암賈黯 115
가흥창可興倉 130
감찰어사監察御使 96, 208
개국사開國寺 19, 70, 142
《경세유표經世遺表》175
경수창耿壽昌 105
경조輕糶 17
《고려사高麗史》21
《곡량전穀梁傳》34
《곡총편고穀摠便攷》191
공세곶창貢稅串倉 130
공진창貢津倉 132
관곡보결책官穀補缺策 25
광제원廣濟院 29
광흥창廣興倉 132
교제창交濟倉 102, 128, 134~136
구관 제도 조사舊慣制度調査 190
구급도감救急都監 72
구료救療 17
《구약전서舊約全書》36
구제도감救濟都監 18, 80
《구황벽곡방》144
구황순찰사救荒巡察使 208
구황청救荒廳 100, 101
《구황촬요救荒撮要》144, 145
《국조보감國朝寶鑑》109

군산창群山倉 131
군자창軍資倉 103, 132, 138, 154, 155
그 이자와 원금을 모두 면제하는 법(子母俱免法) 58
금곡포창金谷浦倉 131
급암汲黯 89
기로사耆老社 28
〈기민도飢民圖〉 90
기민소飢民所 20, 143
김숙자金叔滋 88

ㄴ

나리포창 135
《남사南史》163
납속권분納粟勸分 25
납속하여 관직을 얻는 제도(納粟補官之制) 60, 76
내부상만고內府常滿庫 75
내탕은內帑銀 140

ㄷ

《당서唐書》145
대동법 101
대비원大悲院 29
대종교 218
덕성창德城倉 130
덕천창德泉倉 75
덕흥창德興倉 128
도순문사都巡問使 88

동서대비원 68, 75, 81
동서제위도감東西濟危都監 71
동서활인서東西活人署 29
두예杜五 25

ㅁ

마산창馬山倉 131, 132
《만기요람萬機要覽》 131, 191
모곡제 164
모선耗羨 164
《목민심서》 17, 99, 193
민정중閔鼎重 164

ㅂ

박세채朴世采 113
박효삼朴孝參 169
방곡防穀 17
백문보白文寶 186
백징白徵 173
법성창法聖倉 132
법성포창法聖浦倉 130
보양保養 17
보제사普濟寺 76
보제원普濟院 19, 142
보통원普通院 19, 70, 82
부경桴京 103, 219
부경제桴京制 104
부용창芙蓉倉 130
분혜민사分惠民社 100
비인창庇仁倉 136

ㅅ

사수법社數法 164
사창社倉 23, 102, 110, 111
사창의社倉議 175
사창절목社倉節目 111, 112, 121
사환社還 174
《사환미 제도社還米制度》 190
사환조례社還條例 122, 175, 209, 222
사회 구제 사업의 사적 고찰 190
《삼국사기三國史記》 46
삼랑창三浪倉 132
상만창常滿倉 106
상평창常平倉 30, 81, 86, 102, 105, 134
상평청常平廳 100, 105
서명선徐命善 168
서침徐沈 162
석두창石頭倉 130
선혜청 내청고內廳庫 133
선혜청 별창고別倉庫 134
선혜청 사복시司僕寺 강창고江倉庫 134
선혜청宣惠廳 100
설죽소設粥所 20, 144
성당창聖堂倉 130
성석린成石磷 108, 153
《성호사설유선星湖僿說類選》 147, 165
소양강창昭陽江倉 131
《속대전續大典》 98
송시열宋時烈 120, 143
수륜과水輪課 186
수재, 한재, 전염병에 대해 진대하는 제도 (水旱疫癘賑貸之制) 60, 69
수차水車 186

신시시대神市時代 28
신흥창新興倉 66
《실학파와 정다산》 223

ㅇ

아소 우미麻生武龜 190
안란창安瀾倉 130
안찰사按察使 75
안흥창安興倉 128
양로은급제養老恩給制 28
양재하梁在廈 195
양현고養賢庫 133
《여유당전서》를 독함 192, 195
연호미법煙戶米法 81, 152
염장관鹽場官 75
영산창榮山倉 130
영풍창永豊倉 128
《예기禮記》 35
예비창豫備倉 111
왕안석王安石 111
용문창龍門倉 76
원납願納 17
《원사元史》 21, 145
월령의月令醫 29
유비창有備倉 68, 75, 76, 81
《유태종전猶太宗典》 36
유형원 166
윤선거尹宣擧 120
윤환법輪環法 45, 202, 218
윤휴尹鑴 186
은혜를 베풀어 세금을 면제하는 제도(恩免之制) 60, 61

을파소乙巴素 16, 149
의성창義成倉 75
의창義倉 23, 81, 86, 102, 104
의창곡 108
의창제 106, 111
이각종李覺鍾 190
이귀李貴 156
이단하李端夏 111, 113, 121
이만운李萬運 131
《이아爾雅》 34
이이李珥 120
이익李瀷 22, 146, 165
이정청釐整廳 174
〈이조의 농창과 지방 경제李朝の農倉と地方經濟〉 190
이창里倉 81, 103, 150, 184
이항복 162, 164
이항복의 계啓 163
입속보관지제入粟補官之制 78

ㅈ

자모구면법子母俱免法 183
《자휼전칙字恤典則》 27
장손성長孫晟 104
장손평長孫平 111
장율張率 163
장흥창長興倉 130
재해에 대해 세금을 면제하는 제도(災免之制) 60, 63
재해와 구제의 사적史的 단편관斷片觀 188, 191, 193, 194, 197
정분鄭苯 185

정약용 17, 99
제민창濟民倉 102, 128, 134, 136
제양원濟養院 45, 202, 218
제언사堤堰司 186
제언사목堤堰事目 185
제위보濟危寶 71, 75, 80
제위포濟危舖 71
조남성趙南星 175
조복양趙復陽 185
조상법糶償法 79
《조선 사회 정책사》 188
《조선고기朝鮮古記》 35
《조선의 구제 제도 연혁》 190
《조선의 재해朝鮮の災害》 43, 191
조선의 후생 정책 고찰 188, 192
조읍포창助邑浦倉 131
조흡曹洽 88
《주례周禮》 23, 37, 40
주자朱子 111, 114, 164
《주제周制》 21
지방금융조합 126
진대법賑貸法 16
진대항식 58, 149, 161
《진서晋書》 145
진성창鎭城倉 128
진제사賑濟使 96, 208
진제색賑濟色 18, 75, 80
진제소 19, 142
진제장 18, 142
진휼사賑恤使 96, 108
진휼어사賑恤御使 96
진휼청賑恤廳 18, 27, 100

ㅊ

청묘법青苗法 111
총혜민사總惠民社 100
최영崔瑩 66
최의崔誼의 창倉 82
《춘추春秋》 39
《춘추좌전春秋左傳》 25
취모법取耗法 161

ㅌ

탁지아문度支衙門 174
탕환귀결蕩還歸結 174
태조미兌漕米 163
통양창通陽倉 130

ㅍ

《파사종전波斯宗典》 36
파환귀결罷還歸結 174
포항창 135
풍저창豊儲倉 133

ㅎ

하양창河陽倉 128
한명회韓明澮 108
《한서漢書》 106
한소韓韶 89
한재와 그 대책의 사편史片 188

해룡창海龍倉 130
해릉창海陵倉 130
향사鄕社 120
현덕궁玄德宮 71
현창縣倉 116
《형법대전刑法大全》 27
혜민국惠民局 29, 75, 81, 184
혜민서惠民署 29
혜민원惠民院 86, 94, 100
혜민전약국惠民典藥局 29, 81
《혜정연표惠政年表》 90
홍제원弘濟院 19, 142
환곡 23
환과고독에게 진대하는 제도(鰥寡孤獨賑貸之制) 60, 67
《환단고기》 218
〈환자론還上論〉 172, 175
훈련도감訓練都監 양향청糧餉廳 134
흑창黑倉 219
흥원창興元倉 128
흥원창興原倉 130